LES FRANCS-MAÇONS DANS LA RÉVOLUTION FRANÇAISE

Du même auteur

L'Ordre noir des Templiers, Éditions Traditionnelles, 1996.
Les Templiers du troisième cercle, Éditions Dervy, 1999.
L'Assassinat programmé des Templiers, La Table d'Émeraude, 2000.
La Fraternité de la Rose, Éditions Dervy, 2001.
Genèse de l'univers et intuitions maçonniques, Éditions Dervy, 2001.
Les Grands Maîtres de l'ordre du Temple, Éditions Dervy, 2004.
Une spiritualité sans Dieu, sous le pseudonyme de Louis Sonier, Maison de Vie Éditeur, 2005.
L'Assassinat programmé des Templiers, Éditions Dervy, 2006.
La Maçonnerie peut-elle donner un sens à l'Univers ? Éditions Trédaniel, 2007.
Arche d'Alliance.doc, Éditions Trédaniel, 2008.
Les Templiers. Les archives secrètes du Vatican, Éditions Trajectoire, 2008.
Espérance et foi d'un franc-maçon, Maison de Vie Éditeur, 2009.
Traité du détachement, Maison de Vie Éditeur, 2009.
Le Chevalier à la Rose, Éditions Trédaniel, 2010.
Le Véritable trésor des Templiers, Éditions Trajectoire, 2010.
Le Miroir de l'initiation, Maison de Vie Éditeur, 2011.
Des Templiers à la Franc-Maçonnerie, Éditions Trajectoire, 2011.

Une marque du groupe éditorial Piktos,
Z.I. de Bogues, rue Gutenberg – 31750 Escalquens
Bureau parisien : 6, rue Régis – 75006 Paris

www.piktos.fr

Imprimé en France

I.S.B.N. 978-2-84197-581-5

Jacques Rolland

LES FRANCS-MAÇONS DANS LA RÉVOLUTION FRANÇAISE

Éditions
TrajectoirE

Remerciements

Ils s'adressent comme à l'accoutumée à Claudien Dupont-Dauzonne pour son habilité industrieuse à déchiffrer mes manuscrits.

Bien évidemment à mes éditeurs Jean-Pierre Delville et Philippe Lahille qui m'honorent de leur confiance sur ce sujet inattendu de l'Histoire de France.

À François Rognon, directeur de la Bibliothèque de la Grande Loge de France pour sa documentation.

Et enfin à toute l'équipe éditoriale de Piktos pour le suivi attentif des relectures.

INTRODUCTION

Il est difficile d'écrire sur la Révolution française sans déclencher des polémiques passionnelles.

Nous avons privilégié la thèse suivante. La Révolution française s'est faite à partir de huit affaires traitées le plus généralement superficiellement, car elles ont semblé à certains historiens anecdotiques.

Non seulement, elles ne le furent pas, mais elles révèlent, sous un certain angle, des connotations d'une rare pertinence. C'est le parti pris que nous avons choisi.

D'une part parce que ces affaires ont incontestablement un relent sulfureux, parce qu'elles furent diaboliquement agencées et magistralement jouées comme des pièces de théâtre à succès.

D'autre part, pour faciliter la lecture, car narrées avec un brin de légèreté, beaucoup d'ironie – et il en faut, comme le lecteur s'en apercevra – même si les faits sont graves ou, précisément, en raison de leur gravité.

S'entrecroiseront inévitablement des exégèses plus générales et moins évènementielles sur l'évolution des mentalités et la modification en profondeur de l'ensemble des structures de la société française à la fin du XVIIIe siècle.

Ainsi donc, ces chapitres, d'une rare historicité, car prenant le plus souvent le contre-pied de thèses classiquement admises, sont les suivants :

– l'affaire du comte de Saint-Germain ;
– l'affaire de l'insurrection américaine ;
– l'affaire de Philippe Égalité ;
– l'affaire du mariage de Figaro ;
– l'affaire du collier de la Reine,
dans une première partie, jusqu'en 1785.

Ensuite, dans une deuxième partie, qui nous amènera jusqu'en 1792 et même 1795 :

– l'affaire de la nuit de Varennes ;
– l'affaire de la princesse de Lamballe ;
– l'affaire de la bataille de Valmy ;
– l'affaire des guerres de Vendée.

Cet angle de vue, sur la Révolution française et surtout sur le rôle des francs-maçons, est totalement inattendu et fort instructif, car il prouve bien que l'on peut, sur des évènements devenus d'une rare banalité dans notre Histoire, apporter un témoignage et un éclairage différent de ceux habituellement admis.

De plus, nous allons donc suivre cette étonnante évolution de la franc-maçonnerie en moins de trente ans, d'abord parce que la cour, plus ou moins à son cœur défendant, maçonnait à tout va.

De là à parler du suicide maçonnique de la noblesse, il n'y avait qu'un pas, noblesse pour qui l'abolition de ses privilèges allait de pair avec la Déclaration des droits de l'homme, d'autant que le grand maître du Grand Orient, lui-même, défendait ces mêmes valeurs.

La décennie 1780 va égrener, comme les grains d'un chapelet, une série de désastres, que nous avons nommés « affaires » pour en faire ressortir le caractère plus politique que vraiment vaudevillesque. Et pourtant, on ne pourra guère ne pas y songer en les découvrant tant l'invraisemblance côtoie l'incompréhensible.

D'un Roi de France on passera donc à un roi des Français, et d'un royaume à une Nation. La plupart des fondateurs et des membres des clubs les plus célèbres de l'époque, les Feuillants, Cordeliers, Girondins, Jacobins, etc., sont des francs-maçons. La plupart des acteurs desdites

« affaires » sont francs-maçons, moins connus certainement que les grandes têtes d'affiches, mais tout aussi opératifs et efficaces.

Les « sœurs » ne seront pas oubliées, certaines d'entre elles furent célèbres par leur attitude courageuse. On remarque ainsi Marie-Thérèse de Lamballe, l'amie de Marie-Antoinette, grande maîtresse des loges d'adoptions écossaises, et la polémiste de talent, Olympe de Gouges[1].

Ainsi, en parallèle, nous étudierons, toujours chronologiquement, les grandes affaires de la fin de la monarchie bourbonienne, tout comme l'évolution de la franc-maçonnerie à travers ses agissements, écrits, sermons, vote de lois, jusqu'au vote de la mort du Roi.

Les guerres de Vendée ne seront pas oubliées, car nous retrouvons, comme toujours en pareil cas, des francs-maçons dans les deux camps. Enfin, nous réserverons un chapitre sur le sort qui attendait ces francs-maçons : guillotine ou émigration, attentisme, conversion, passage dans l'oubli.

En revanche, les acquis révolutionnaires des francs-maçons constitueront, à n'en pas douter, l'art royal de leurs activités.

Écrivons-le immédiatement, il n'y eut ni complot maçonnique ni, a fortiori, conjuration templière. Les francs-maçons n'ont pas joué un rôle majeur, mais important. La composition des États généraux en fait mention, car plus de **500 francs-maçons y furent délégués sur 1 600** environ, c'est-à-dire 30 %.

Le nombre de députés et députés suppléants francs-maçons, respectivement à la Constituante, puis à la Législative et enfin à la Convention, est estimé à environ 210 à 220, soit **30 %** de la composition de ces assemblées.

1. En raison, d'ailleurs, de la part non négligeable jouée par les « sœurs » et d'autres femmes dans la Révolution française, un ouvrage leur sera spécialement consacré prochainement.

Ire PARTIE

Chapitre I

La jeunesse des révolutionnaires et la jeunesse des francs-maçons

S'il est vrai, selon Pierre Chaunu, que l'Europe des Lumières à « inventé » des hommes, son analyse concerne au premier chef le royaume de France[1].

En 1789, le royaume de France est le pays le plus peuplé d'Europe. Il compte effectivement près de 28 millions d'habitants, la croissance démographique faisant passer sa population, en moins de soixante ans, de 22 à 28 millions.

De plus, les « mortalités » catastrophiques des siècles précédents ont considérablement diminué, confortées par un taux de naissances inégalé.

C'est écrire par là que la France possède une jeunesse fort importante, et qui va, de ce fait, jouer – comme dans toute insurrection – un rôle décisif.

Nous allons étudier de près cette jeunesse.

---

1. P. Chaunu, *La civilisation de l'Europe des Lumières*.

Comment devient-elle franc-maçonne ?

Bien sûr, La Fayette donna l'exemple quand il partira, à moins de vingt ans, rejoindre les insurgés. Danton est élève au collège de Troyes, dirigé par des oratoriens, arborant une certaine hardiesse philosophique et indépendante vis-à-vis de leur évêque. Il en fut marqué d'ailleurs.

Parmi les nobles, francs-maçons (ou le devenant à bord des navires ou en terre d'Amérique), les noms cités ci-dessous ne concernent que des jeunes hommes de trente ans au moment de la Révolution française. C'est-à-dire qu'ils avaient une vingtaine d'années lors de l'insurrection américaine.

Duc de La Croix de Castries, duc de Damas d'Autigny, le vicomte d'Agen de Noailles, le marquis de Rochechouart, François de Beauharnais, Duport de Nemours, le comte de Lameth, Philippe de Ségur, le comte Levasseur, etc.

Indépendamment des « Américains », certains futurs francs-maçons eurent une jeunesse studieuse et brillante, notamment :

- C. Desmoulins fut un élève très brillant du lycée Louis-le-Grand. Il fit même éditer un opuscule destiné à réformer (*sic*) les administrateurs de son collège ;
- Vergniaud passa, lui, beaucoup d'années au séminaire pour en ressortir écœuré et dégouté à jamais de la religion ;
- Carnot, dès l'École militaire, rendra visite à Rousseau ;
- Billaud-Varenne, un des accusateurs publics les plus violents, se met, lui aussi, très jeune à l'école de Rousseau tout en déplorant la misère des campagnes.

Nous connaissons, par ailleurs, les succès scolaires d'illustres maçons révolutionnaires : Collot d'Herbois, Condorcet, le marquis de Sieyès. Brissot de Warville œuvre très jeune aux commandes du duc d'Orléans.

En fait, tous les révolutionnaires sont très jeunes, et parmi les révolutionnaires, les francs-maçons cités dans cet ouvrage sont tous très jeunes. On connaît le phénomène des révolutions provoquées par les étudiants dans tous les pays.

Un désir d'ouverture

Alors que se développait, au début du siècle des Lumières, l'intérêt pour les sciences nouvelles, y compris les sciences occultes, l'heure d'en savoir davantage par l'acquisition de connaissances anciennes héritées d'un très lointain passé – ou âge d'or – se fit sentir parmi les élites européennes.

De plus, une certaine sociabilité informelle prit corps à l'intérieur des loges spéculatives, pour ne pas parler encore de fraternité. Et encore moins de liberté et d'égalité, notions qui apparurent avec la Révolution française.

Les musées et bibliothèques des différentes obédiences – à commencer par les françaises – recèlent des documents inestimables concernant les premiers rituels et les divers outils ou tabliers ou autres décors maçonniques.

Il est vrai de dire également que, pour un profane, les rituels de l'époque, plus ou moins divulgués par certains maçons en quête de l'estime de leurs semblables, ont dû paraître des plus saugrenus et parfaitement incompréhensibles, ne serait-ce que par référence aux principes bibliques (plus ou moins travestis pour l'occasion afin d'en valoriser la portée morale).

L'appartenance sociale très large démontre, à l'évidence, ce désir d'ouverture et surtout de réaliser – même si ce n'était pas clairement affirmé – une relative « égalité spirituelle » entre eux. Et là encore, ce furent les plus jeunes parmi les nobles qui jouèrent le premier rôle : Bancène, Lameth, Duport...

On ne peut, par exemple, douter des divisions qui sont apparues dans les loges et qui ont pu aller jusqu'à l'éclatement et la dissolution, notamment lorsque se posa la question des hauts grades.

Tous voulurent en être, comme à la création de l'Ordre du Temple. Et, par ailleurs, il ne faut pas douter qu'à Paris et en province, l'effet de mode joua un rôle considérable qu'il serait vain de nier.

En revanche, des loges se spécialisèrent dans tel ou tel domaine pour devenir bientôt des réceptacles et des émetteurs d'idées principalement sur l'évolution sociale.

Le siècle de Louis XIV est bien fini

Pour bien comprendre le terrible saut effectué par la société française baignant dans le sang de plus d'un million de ses sujets, il faut bien percevoir qu'à partir de 1730-1740, la France n'était plus à la mode à Paris. Contrairement à l'Angleterre et surtout à l'Écosse.

Le siècle de Louis XIV s'est achevé dans des convulsions sanglantes dues aux guerres incessantes de ce monarque. Certes le souverain a maté sa noblesse, mais en Angleterre, c'est la noblesse qui a maté le roi.

On se prend à rêver à Louis XIV au faîte de sa gloire, qui s'aperçoit que sa propre garde est constituée d'un régiment écossais, logé à Saint-Germain-en-Laye, convertie déjà à des idées de liberté, de progrès, d'égalité.

Toute l'Europe gémissait de guerres mal préparées, mal conduites, dont on ne se rappelait même pas pourquoi on les avait déclarées. Bientôt, sous Louis XV, on se battra même pour le roi de Prusse.

Mais son règne est passé et, avec lui, moins d'or sur les habits, moins d'argent dans les poches et moins de farine pour les moulins. Et partout dans le royaume, infiniment moins de bonheur. On croirait se retrouver au xe siècle, où tout allait à vau-l'eau.

À titre d'exemple, pour les plus démunis, le pain, qui représente les trois quart du budget familial de la nourriture, coûte huit sous tandis que le salaire quotidien d'un journalier est de quinze à vingt sous[1].

N'y aurait-il pas un Ordre du Temple bis, capable de révolutionner la société, sortant enfin d'un despotisme royal, d'un colbertisme effréné, et d'un jacobinisme sans espoir ?

Avec une question subsidiaire des plus pertinentes. Une telle révolution, aussi longue et aussi sanglante, aurait-elle pu prendre dans un pays infiniment moins peuplé, et de gens aussi jeunes ?

Pourquoi devient-on franc-maçon ?

Une des premières explications, nous l'avons vu, est liée à la jeunesse des francs-maçons, ceux qui servent à bord des navires les emmenant aux Amériques, et ceux qui le deviendront une fois revenus en France.

1. P. Chaunu, *La civilisation de l'Europe des Lumières*, IIIe partie, p. 265.

Pourquoi sont-ils devenus francs-maçons ? Ou comment devient-on subitement franc-maçon en 1789 ?

Bien évidemment, un certain nombre de circonstances explique l'entrée en maçonnerie à cette époque : l'absolutisme royal et religieux, le favoritisme irresponsable des courtisanes et de la Reine, l'inégalité flagrante, la misère, les abus, les impôts, etc.

Certains le sont cependant devenus plus par haine de la monarchie que par réelle conviction, et ce, depuis Louis XV.

Prenons quelques exemples.

Nous avons vu respectivement Voltaire et Beaumarchais réagir instinctivement et insolemment à des interrogations de quidams fort mal intentionnés, qui venaient sournoisement leur demander leur véritable nom : Arouet ou Voltaire et Caron ou Beaumarchais ?

Le cas du chevalier d'Éon est caractéristique de l'époque. Il n'a aucun quartier de noblesse, est issu d'une famille de tonneliers de Bourgogne, mais – et le mais est d'importance – il vient de s'illustrer brillamment à la cour de la tsarine au service du « Secret du Roi ».

Mais il dépend toujours de Choiseul, alors ministre des Affaires étrangères. Il faut reconnaître qu'il prend ses aises avec celui-ci se flattant de l'amitié, ou plutôt de l'intérêt, du Roi.

Donc, un jour où son impudence lui a fait rétorquer brutalement à son ministre, ce dernier veut le remettre à sa place : « Oubliez-vous le point d'où vous êtes parti ? » Et d'Éon de répondre, du tac au tac : « Je m'intéresse beaucoup plus au point où j'en suis arrivé aujourd'hui. »

Cela ne se pardonne pas. Choiseul obtiendra sa disgrâce et le chevalier d'Éon entra en maçonnerie.

Un autre exemple est frappant. La famille de Broglie a brillamment servi Louis XV. Le maréchal de Broglie gagna quelques batailles contre Frédéric de Prusse et le comte de Broglie fut tout simplement chef du « Secret du Roi ».

Mais ils avaient l'un et l'autre leur franc-parler et n'étaient pas, eux non plus, du parti de Choiseul, c'est-à-dire de celui de la Pompadour. Elle obtint leur disgrâce et leur exil en Normandie. Le Roi ne pouvait s'y soustraire sans reconnaitre ipso facto que le comte de Broglie était le chef de son service secret.

La sœur des deux Broglie avait épousé le comte de Lameth, mort au combat. L'ingratitude du Roi, jointe à l'irresponsabilité de la Pompadour, fut pour beaucoup dans l'éducation des enfants des trois familles.

Nous les retrouverons francs-maçons, à la Révolution française. Le duc de Broglie et deux Lameth dont l'un, Alexandre, devait être du Triumviral formé avec Barnave et Duport, furent particulièrement excessifs à l'égard des Bourbons.

C'est que le rappel des origines – dans le cas d'Éon, sans oublier Voltaire et Beaumarchais – et l'exil au fond d'une province – pour avoir simplement déplu à une favorite et avoir beaucoup gagné au service de la France –sont des choses que l'on ne peut pas oublier. Et là, il fallait absolument faire oublier l'oppression royale et l'absurde tyrannie d'une vieille maîtresse.

Deux autres exemples. Lally-Tollendal, de la loge « L'Anglaise de Bordeaux » était le fils du commandant en chef aux Indes, perdues par la faute de Louis XV et de ses ministres au bénéfice d'une puissante escadre anglaise.

Après s'être illustré à la victoire de Fontenoy, Lally-Tollendal est envoyé aux Indes pour commander nos comptoirs. Il doit lutter à 1 200 contre 14 000 Anglais et cipayes, et il est battu, fait prisonnier, ramené en Angleterre. Il est relâché pour revenir présenter sa défense, alors que tout est de la faute des ministres Belle-Isle et Choiseul.

Il est incarcéré et surtout **décapité** à Grenoble. Ce fut considéré, en Europe – et surtout en France –, comme un véritable **assassinat politique**. Son fils légitimé ne pardonnera jamais à la monarchie ce crime et entre en maçonnerie.

Et enfin, Rabaud Saint-Étienne, un protestant cévenol, cette fois-ci, et pasteur. Il réussit à se faire nommer au Tiers-État pour avoir déjà combattu ardemment pour le rétablissement des droits civiques des protestants, à commencer par leur état-civil. Son exaspération et celle des fidèles de la religion prétendue réformée lui valut de rejoindre les loges maçonniques.

Parlons, à nouveau, du duc d'Orléans. Nous en avons, certes, dressé un portrait peu flatteur, mais l'homme, avide de popularité avec une tête creuse, mérite que l'on s'y arrête une ligne de plus.

Le duc d'Orléans est certes doté d'un grand nom. Mais derrière ce nom, il y a un grand parti, celui de tous les mécontents qui se reconnaissent en lui, car il est frondeur viscéralement. Mais il va décevoir ses plus fidèles partisans et notamment les loges maçonniques qui l'auront propulsé au zénith de leur obédience.

C'est ainsi le moment de faire litière une bonne fois pour toute du couplet maçonnique des loges, rangées apparemment derrière le duc d'Orléans.

Or, au XXe siècle, il se trouva des auteurs, dont Forrestier, qui, dans un ouvrage paru en 1910, soulignera avec véhémence que la franc-maçonnerie a désorganisé complètement le royaume[1].

1. Cité par M. Winoch, *1789 – L'armée sans pareille* – p. 175.

Chapitre II

Le renversement des valeurs 1760-1770

D'une maçonnerie anglaise, hanovrienne et protestante à une franc-maçonnerie mondaine à Paris

La maçonnerie anglaise est née en partie du compagnonnage, alors que la tradition corporative était encore très vive, ce qui n'était plus le cas en France où elle disparut peu de temps après la chute des Templiers.

Au sein de la grande loge d'Angleterre, se retrouvèrent donc, au début du XVIIIe siècle, bon nombre d'artisans et de commerçants. L'entrée de nobles qui s'ennuyaient leur apporta un certain prestige social tout autant qu'une protection officielle. La présence d'intellectuels, de philosophes et de pasteurs – ce point est important – contribua de plus au développement de la maçonnerie.

En France, tout au contraire, les premiers maçons – en général des nobles ayant vécu en Angleterre, indépendamment des régiments étrangers – furent plus des personnes intéressées par le fait d'appartenir à une société secrète, qui plus est interdite ou condamnée, à la fois par le gouvernement monarchique comme par l'Église.

Le chevalier Ramsay fut l'hôte du duc de Bouillon, profondément hostile aux Bourbons. Il avait atteint un grade fort élevé en maçonnerie, dont il fut orateur à une période de sa vie.

Il rencontra Fénelon et, peut-être, cette atmosphère à la fois hostile à la monarchie tout autant que préoccupée de la situation du peuple à l'issue des funestes guerres de Louis XIV l'incita-t-il à promouvoir plus que jamais la franc-maçonnerie en France.

Dans son fameux discours sur les croisades, les croisés et l'esprit venu d'Orient, il voulut instaurer une maçonnerie chevaleresque. Il n'hésita pas à se rapprocher de Louis XV. Mais, le cardinal Fleury, Premier ministre, était trop vieux pour s'y intéresser et Louis XV trop jeune.

La franc-maçonnerie française ne pourra jamais être un ordre royal.

D'une société à mystères à un club politique

Or, dans tous les pays protestants, la maçonnerie était prise fort au sérieux. La noblesse la plus haute en faisait partie, la couronne voulait son soutien, et la bourgeoisie cherchait à y entrer. Dans les pays latins, le clergé la condamnait, la monarchie la proscrivait.

En 1738, le pape Clément XII l'interdit purement et simplement. On ne pouvait rêver mieux au niveau d'une fracture des mentalités.

En France, la situation fut encore plus marquée. Le Parlement n'avait jamais accepté la fermeture de Port-Royal et la persécution des jansénistes. Mais paradoxalement, les prêtres français purent entrer en maçonnerie sans problème.

Cependant, en 1736, un édit royal interdisait les tenues de loge. De plus, le Roi avait empêché les princes de sang d'accepter le poste de grand maître. Contrairement, en effet, aux autres souverains, tel Frédéric II de Prusse.

Louis XV ne s'intéressa jamais vraiment, de près ou de loin, à la maçonnerie sauf en ce qui concerne le comte de Saint-Germain. Cela n'empêcha point la diffusion de l'obédience tant était prononcé l'intérêt pour les sociétés secrètes.

De plus, ce roi, pourtant fort calomnié, apporta un réel sens politique au niveau international. Son blason est terni par son refus de considérer les « écrivassiers » pour autre chose que de « petites gens ».

Ainsi, de Voltaire, Montesquieu, Fontenelle, Rousseau. Et pourtant, « ces gens-là », philosophes à l'ancienne, c'est-à-dire dissertant sur une société idéale, initièrent les mouvements de protestation, car les vingt-huit millions d'habitants de ce grand pays se côtoyaient sans cesse.

Dès lors, bourgeois et artisans parvinrent graduellement à entrer en maçonnerie. La noblesse s'en protégea, en créant les hauts grades. La petite bourgeoisie intellectuelle, artistique, commerçante, vivant plus ou moins dans le luxe, se jeta avec avidité dans les loges, particulièrement en province. Pour elle, il était fascinant de se retrouver avec l'élite de la noblesse avec gants et épée, et où tous – théoriquement – étaient égaux.

Pour bien comprendre le passage des templiers au francs-maçons, il faut relire les rituels de l'époque – plus ou moins inspirés par Ramsay et Anderson – sur le rôle des chevaliers des croisades ayant emprunté aux Orientaux une certaine mystique, et notamment le parfum de soufre lié aux mystères du Temple de Salomon.

Il fallait venger quelqu'un, Hiram de Tyr, par exemple, et quelque temps plus tard, Jacques de Molay. On s'enflamma pour ces récits mêlant adroitement les faits plus ou moins historiques à des légendes.

C'est la raison pour laquelle, afin de se placer sous une « haute autorité », capable de la rassembler, la franc-maçonnerie choisit le duc d'Antin, en 1738, comme grand maître[1]. À sa mort, en 1743, lui succéda un autre nom illustre, le prince Louis de Bourbon Condé, abbé de Saint-Germain-des-Prés – *sic* – maréchal des armées du roi. Ironiquement, il fut dit qu'il prit et la maîtrise et la maîtresse du duc d'Antin.

Ce fut, certes, un grand seigneur, mais non un grand homme. On prétendit, à l'époque, qu'à l'armée il se conduisait en prêtre, tandis qu'à l'Église il agissait en soldat. Il fut élu à l'Académie, mais il n'y siégea point. En revanche, son opposition au roi, pour d'obscures raisons de préséance et d'inquiétants bénéfices, se renforça.

1. Louis de Pardailhan de Gondrin, duc d'Antin, arrière petit-fils de Madame de Montespan et de Louis XIV.

C'est ce point qu'il faut noter pour comprendre l'attitude des francs-maçons à l'égard de la monarchie, puisque leur propre grand maître lui était hostile. Il put notamment s'en faire l'illustration puisqu'il fut grand maître pendant vingt-huit ans.

Il faut bien concevoir qu'en 1750-1760, l'Europe toute entière baigne dans une atmosphère d'occultisme, d'alchimie, de sociétés secrètes, de rites étranges. De plus, il existe des loges maçonniques dans toutes les grandes villes. Plus ou moins régulières, il est vrai. Charlatans, escrocs, imposteurs, font florès et fortune, à l'image de Cagliostro.

Des aventuriers proposent la pierre philosophale, de faire de l'or avec du plomb et, dans l'intervalle, les bourgeois se mêlent aux nobles pour avoir des gants blancs et des épées cerclées d'or. C'est le siècle des Lumières, après tout, pas comme celui des illuminations, mais déjà celui des Illuminés de Bavière.

Que cherchent-ils ces francs-maçons ?

À vrai dire, l'idée ne leur est pas encore venue de renverser les pouvoirs en place. Mais elle commence à faire son chemin avec les indépendantistes américains. Car bientôt se dessine un schisme entre une maçonnerie anglaise, hanovrienne – d'où est issue la cour –, protestante, et une autre qu'un pouvoir royal ne concerne pas.

Car en Angleterre, les grands maîtres sont issus tout simplement de la plus haute noblesse, ainsi du duc de Manchester, du duc de Cumberland, frère de Georges III, et de 1790 à 1813, et encore le prince de Galles leur grand maître.

Donc, en Angleterre, une faction rivale s'oppose à la grande loge régulière, même si c'est pour la rejoindre une décennie plus tard. Mais le ver est dans le fruit avec l'émergence des loges américaines voulant secouer cette tutelle anglaise.

En Europe, les choses se passent différemment, nous venons de le voir avec la France, tandis que Gustave III de Suède suivi par Frédéric le Grand encouragent encore la maçonnerie.

En France, donc, existe la Grande Loge de France, avec la création d'un organisme directeur, le Grand Orient, qui va devenir le centre de l'activité maçonnique. Le plus riche des grands seigneurs – au départ à l'image de l'Angleterre – Philippe d'Orléans, duc de Chartres, en est le grand maître.

Nobles, intellectuels, artistes et ecclésiastiques s'y pressent en foule. Mais Philippe d'Orléans est fort éloigné d'une monarchie absolutiste à l'image de celle de Louis XIV. On lui doit la protection des encyclopédistes, car l'éditeur ayant mis sur pied l'affaire aurait été un franc-maçon. Diderot en fut-il ? Nous l'ignorons, mais ce n'est pas impossible.

Déjà une « camaraderie » fait son apparition en même temps que les tenues de table où tous se retrouvent autour de boissons, justement pour refaire le monde. Les langues se délient, notamment celles de ceux qui ont voyagé outre-Atlantique, et même en Germanie ; le ciment de la maçonnerie est là, dans la réunion au sein d'une même loge et au centre d'un même atelier de « frères ».

Tout le monde peut entrer en maçonnerie. Il n'y a plus ni réserve ni handicap. L'idée de liberté est bien dans l'air du temps. Alors que la lutte des classes existe encore, toujours animée violemment, la maçonnerie semble réunir ce qui est épars et éloigné.

Cet aspect des plus importants suscitera donc des ferments révolutionnaires, et il est tout naturel d'y voir les prémices de la guerre d'indépendance américaine et, plus près de nous, de notre célèbre Révolution, qui bouleversa l'Europe de la fin du XVIIIe et jusqu'au début du XIXe siècle.

Le « secret maçonnique » en ce domaine permet d'élucider la classification de documents ayant pu être échangé de 1781 à 1789, époque où la communication se faisait plus oralement que par écrit. Ici, il faut comprendre le pourquoi des choses avant d'examiner le « comment » et son contenu, car la force des idées est plus efficace qu'une documentation.

C'est d'ailleurs le propre de toutes les révolutions que l'absence de notes. Les idées voyagent – parfois en train, c'est le cas de Lénine – plus vite que les missives. C'est la raison pour laquelle on relève les noms de Cagliostro et de Saint-Germain, de Casanova, de Wharton, d'Ashmole, un peu partout dans cette Europe illuminée de la seconde partie du siècle.

Significatif, à cet égard, est le comportement des hanovriens maçonniques qui, normalement, avaient prit fait et cause pour les défenseurs anglais du Parlement contre la lutte revendicatrice américaine.

C'est le contraire qui se produisit. William Pitt et Burke, tous deux maçons anglais, défendirent paradoxalement les droits des nouveaux américains contre le conservatisme anglais.

De quels droits de l'homme parlons-nous vraiment ?

La notion des droits de l'homme surgit immédiatement. Le pacifisme n'est que de l'angélisme à côté de justes revendications. Certes, les « rebelles » avaient fort mauvaises presse, mais il fut de bon ton de brocarder les uniformes rouges chargés de mater les révolutionnaires et de s'enflammer pour les idées de liberté. Car cela pouvait, à tout instant, repartir dans la mère patrie.

La guerre d'indépendance américaine, dont il sera question dans un chapitre particulier, débuta fort mal et par des revers « américains ». Il lui fallait des alliés. Des alliés européens, et qui mieux que la France, opposée de tout temps à l'Angleterre, pouvait venir en aide aux insurgents ?

Ce fut le génie de Benjamin Franklin que de s'appuyer à la fois sur le gouvernement de Vergennes et les loges françaises pour contrer la maçonnerie anglaise. L'idéal se présente ici avec la présence de la loge des « Neufs Sœurs » servant d'épicentre à la maçonnerie française.

Tous en faisaient partie, depuis Lalande le savant jusqu'à Helvétius le philosophe. Benjamin Franklin y fut admis et, chose admirable, en devint le vénérable de 1779 à 1781, et il procéda au lancement effectif de la révolution américaine.

Il y fit des émules, notamment Greuze, Horace Vernet, Lacepède. La révolution américaine fit le tour des salons littéraires au même moment. Dans les loges, il fut de bon ton de parler de la liberté, sous-entendu, celle de la toute nouvelle Amérique.

Vergennes convainquit Louis XVI de l'excellente opportunité de se venger de l'Angleterre en apportant son aide aux insurgents. Mais, à nouveau, le mérite revint à Benjamin Franklin de vendre à de jeunes nobles français l'idée d'une révolution « vertueuse » à l'égard des tyrans.

Jusqu'alors, une révolte, sans parler de révolution, était un crime social, à mater avec la dernière énergie, témoin les dragonnades de Villars. Mais il s'agissait d'injustice, de mauvais traitements, de lutter contre la tyrannie économique, et si on se révoltait contre les seigneurs, c'est qu'ils étaient incapables de remédier à cet état de fait.

Aux Amériques, la révolte, bientôt la révolution, prend une dimension extranationale. Une petite révolte de partisans affamés ou de religieux en lutte contre l'inquisition relevaient d'une petite affaire départementale.

Une révolution implique, bon gré mal gré, une diffusion par les libelles la décrivant comme une nécessité, et surtout par les gazettes, qui s'en donnèrent à cœur joie pour régaler tous les lecteurs jusqu'au plus profond des provinces françaises, car Franklin obtint de Vergennes qu'il finance sa propre revue *Les affaires de l'Amérique*.

Si Vergennes réglait ses comptes avec l'Angleterre, Franklin recrutait des partisans. Donc, pour la première fois, une entreprise révolutionnaire – une révolte – se trouve soutenue, voire développée, par tous les médias à sa disposition.

Le tour de force suivant fut d'enrôler, pour en assurer la communication, non pas seulement les jeunes nobles avides de conquêtes, quelque soit leur nom, patriotique ou non, mais aussi des savants, des écrivains, et des artistes.

Bref, tout ce que le pays comptait au niveau des idées. Le libéralisme politique passe dès lors par les salons, les cafés littéraires, les belles assemblées.

Le Parlement, depuis toujours hostile à une monarchie absolutiste, trouve là matière à redorer son blason en parlant, à mi-voix cependant, d'une monarchie constitutionnelle, curieusement à la manière anglaise. Décidément, on emprunta beaucoup à l'Angleterre en cette période troublée.

Le duc de Chartres fut donc élu grand maître du Grand Orient de France à une époque où l'on comptait déjà cent quatre loges, dont dix loges militaires. En 1789, suivant les registres de la franc-maçonnerie, on devait compter plus de six cents loges, dont trente-neuf dans nos colonies d'outre-Atlantique et soixante-neuf dans les régiments.

Il est une image, non d'Épinal, que la mémoire des hommes devrait sérieusement recueillir et qui pourrait faire l'objet d'un tableau. Une procession doit se rendre de Versailles à l'église Saint-Louis des Jésuites à Paris, le 4 mai 1789. Tous sont là.

Tous sont là !
Qu'est-ce à dire ?

Sur son presque lit de mort, le dauphin, qui n'a plus que quelques semaine à vivre. Aux côtés de lui, son père Louis XVI, ses oncles Provence et Artois, respectivement Louis XVIII et Charles X, le cousin d'Orléans, futur Louis Philippe et le fils du comte d'Artois, l'éphémère Louis XIX.

Pas moins de six rois.
Du jamais vu. Et personne ne fut là pour immortaliser la scène à la manière de Delacroix ou David pour le couronnement impérial.

Chapitre III

L'affaire du comte de Saint-Germain I

Saint-Germain nous intéresse, ici, pour son éventuelle participation au mouvement des idées qui déclenchèrent la Révolution. La légende, l'air du temps, s'empara de son vivant du personnage pour en faire successivement un alchimiste, un vieillard toujours jeune, le contemporain de Salomon, un commandeur Rose-Croix, le maître des Illuminés de Bavière, etc.

Une légende plus tardive le fait, cependant, apparaître comme un allié de la royauté, proposant des conseils tant à Marie-Antoinette, qu'à Maurepas, alors ministre tout-puissant, mais qui ne l'écoutera pas.

La scène se serait déroulée en 1775. Le comte de Saint-Germain est renommé pour les services rendus en tant qu'agent secret du roi Louis XV. Ses paroles, adressées à la Reine, telles que transcrites par la comtesse Adhémar, seraient les suivantes :

« Le parti encyclopédistes veut le pouvoir. Il ne l'obtiendra que par l'abaissement du clergé. Or, ce parti, pour bouleverser la monarchie, a choisi comme chef de file le duc de Chartres. On lui proposera pour prix de ses services la couronne de France, mais c'est ce qui lui tiendra de trône... Il ne restera que la République. »

La Reine parut embarrassée, voire interdite. Il poursuivit donc :

> « La populace se soulèvera et quelques grands seigneurs de l'État prêteront leur appui aux séditionnaires [sic].
>
> La guerre civile éclatera et l'orage emportera tout. Maurepas[1] le sait, car il est mon ennemi et je le mets au rang de ceux qui prépareront la ruine du royaume par son incompétence[2]. »

Selon les auteurs rapportant ce morceau de bravoure, Saint-Germain ne se fit aucune illusion sur la portée de ces prophéties. La Reine, trop frivole, rapporta certes ses propos à son mari, mais qui les rapporta lui-même illico, à Maurepas. Ce dernier se hâta de le faire arrêter, mais le comte avait déjà quitté Paris.

Le deuxième acte est également apocryphe. Il s'agit toujours de Madame d'Adhémar, mais douze ans plus tard en 1789. Elle reçoit un billet ainsi libellé[3] :

> « Tout est perdu. Ce soleil sera le dernier qui se couchera sur la monarchie. J'ai voulu voir l'ouvrage préparé par le démon Cagliostro. Il est infernal. Je ne peux plus rien pour personne, encore moins pour le duc d'Orléans. **J'ai les mains liées par plus fort que moi**. »

Or, en 1789, Saint-Germain est officiellement mort depuis 1784. La Comtesse se rendit au rendez-vous fixé à une heure matinale à l'église des Récollets et reconnut Saint-Germain, qui n'avait pas changé d'ailleurs.

Évoquant le marquis de La Fayette, pourtant royaliste, superficiellement, elle entend Saint-Germain s'écrier :

> — C'est un ballon gonflé de vent ; à l'heure qu'il est, on détermine ce qu'on fera de lui ! Instrument ou victime ?
>
> — Que veulent-ils, s'écria-t-elle ?
>
> — La ruine complète des Bourbons en Europe.

Puis le personnage s'évanouit dans l'ombre de la chapelle.

Il fut raconté que Saint-Germain se rendit en Suède, mais qu'il ne put empêcher l'assassinat du roi Gustave III.

---

1. À l'époque « Premier ministre ».
2. P. Chacornac, *Le Comte de St-Germain*, éd. Traditionnelle Paris, p. 216-217.
3. *Ibid.* p. 219.

Ces différentes scènes sont dues à l'imagination de pseudo-auteurs en 1836, c'est-à-dire cinquante ans après le drame révolutionnaire[1].

La légende donc d'un Saint-Germain préparant la Révolution française pour mieux la dénoncer auprès de la monarchie se répandit au XIXe siècle avec un succès réel, et Stanislas de Gaita en fut le chantre[2], qui n'hésita pas à déclarer que l'or qui ruisselait des mains de cet imposteur permit, seul, d'acheter bien des consciences.

Notons encore, parmi les affabulateurs qui font toujours fureur, l'apparition de Saint-Germain à la princesse de Lamballe, amie si chère à Marie-Antoinette, lors de son procès et avant qu'elle ne soit torturée et tuée, tout comme la vision qu'eut de lui la comtesse du Barry attendant d'être décapitée.

Qu'en reste-t-il vraiment ?
Il est vrai qu'il est malaisé de démêler le vrai du faux, mais incontestablement le faux l'emporte. Ou le miroir. Que n'a-t-on raconté sur cet étrange personnage qui se plaisait lui-même à dorer sa propre histoire.

Fut-il maçon ?
À n'en pas douter, mais faute d'archives à répertorier, il appartint à la Stricte Observance allemande, dont il put être un des gourous, ou du moins un des « vénérables ».

Pour expliquer son étrange comportement à l'égard de la monarchie française, on peut avancer qu'il voulut obtenir, par des modifications importantes, la fin de l'absolutisme royal sans recours à la violence.

Voila pourquoi il fréquenta, à Paris, les encyclopédistes et qu'il put appartenir à des loges parisiennes ou, tout au moins, les visiter. Il dut essayer de peser sur les privilèges pour obtenir des concessions, mais nul ne comprend pourquoi il n'appliqua pas sa méthode à l'empire autrichien ou au royaume de Prusse, tout aussi absolutiste que les Bourbons.

S'il ne réussit pas, c'est que ses instructions venues de « supérieurs inconnus » de la Stricte Observance ne le lui permettaient pas. Voilà ce qui se raconta et que l'on crut.

---

1. « Souvenir sur Marie-Antoinette et la Cour de Versailles », par Madame d'Adhémar, dame du Palais, Mame 1832.
2. Stanislas de Guaita, *Le Temple de Satan, Paris*, Chamuel 1891, p. 302.

Une énigme, parmi tant d'autres, demeure. Malgré son entregent, son argent, comment se fait-il que Saint-Germain ait pu aussi facilement se faire recevoir par Louis XV, et ce, en dépit des pseudo-miracles qu'il faisait quotidiennement dans son hôtel parisien[1] ?

Si Louis XV l'utilisa comme espion ou plutôt comme négociateur d'une paix avec l'Angleterre, ce fut plus à cause de ses relations que de son entregent. Et si Choiseul en fut fort marri, c'est parce qu'il ne parvint pas à peser son incognito. Il mourut donc, très officiellement, en 1784 dans un palais du Landgrave de Hesse.

Ce n'est apparemment qu'à partir de Louis XVI que les faits commencèrent à lui donner raison et qu'il en fut compromis. On ne prête décidemment qu'aux riches.

Néanmoins, il convient de noter qu'un certain « ordre de la Félicité » ayant à sa tête le duc de Bouillon – que nous avons trouvé avec le chevalier Ramsay – chercha à le connaître davantage.

Il est opportun de faire retour sur son appartenance à la Stricte Observance. D'abord, le personnage disparaît jusqu'en 1777, où on le retrouve à Leipzig après qu'il a voyagé en Russie, Hollande, à Venise, mais en ayant évité Londres et Paris.

Nous disposons d'un témoignage d'un certain de Würm, conseiller d'état prussien. Dans sa lettre à Frédéric de Prusse, ce conseiller écrit notamment :

> « J'orientai la conversation sur la maçonnerie. Il m'avoua avoir atteint le quatrième degré, mais refusa de me montrer «les signes[2]». »

En fait, lors de son séjour chez le prince de Hesse, Saint-Germain reçut fréquemment la visite du duc Ferdinand de Brunswick, l'un des dignitaires les plus élevés de la Stricte Observance. Voilà qui nous intéresse au premier chef, car il ne fut autre que l'oncle du duc de Brunswick, lui-même franc-maçon, et commandant les troupes prussiennes lors de la bataille de Valmy.

Le malentendu demeure quant à Saint-Germain. Fut-il maçon ou Rose-Croix ? Car la différence, à l'époque, était notable. Un Rose-Croix rele-

1. 101 rue de Richelieu.
2. Correspondance de Würm à Frédéric Auguste, mai 1777, ouvrage cité p. 244.

vait plus d'un état spirituel que la simple appartenance à une loge maçonnique.

Dès lors, sa quête de l'immortalité, sous l'angle de réincarnations successives, ses élixirs de longue vie, pour être indéfiniment jeune au niveau spirituel, ses recherches alchimiques, non pour faire de l'or, mais la pierre philosophale, appartiennent plus au monde rosicrucien qu'à la mode maçonnique de l'époque.

Certes, il voulut changer le monde européen en se raillant lui-même des gogos faciles à berner avec de simples tours de prestidigitateur. Changer, c'est-à-dire réformer, mais non par la violence.

Il n'est pas interdit de penser que les fameux « supérieurs inconnus de la Stricte Observance » ne soient pas une invention à lui sous prétexte – non des templiers disparus puis réapparus –, mais de maîtres cachés de l'occultisme.

Rose-Croix à peu près certainement, mais au même titre que *Rosenkreutz* alors, et maçon peut-être, mais un maçon épris de liberté. Mais que des Rose-Croix aient pu jouer, inconsciemment ou non, dans les événements de ce XVIIIe siècle n'es pas inintéressant du tout.

Appartint-il cependant à une confrérie et fut-il missionné par elle pour modifier les comportements de ce siècle ?

Il reste un intitulé demeuré sans explication valable. « Mon nom, répondit-il un soir au duc de Brunswick, est celui de ma fonction. »

Chapitre IV

Ce siècle fut-il celui des Lumières ?

L'Europe compte dès 1770 environ cent vingt millions d'habitants. C'est l'époque, selon J. M. Drouard, où l'Europe parle français. L'espace des Lumières, c'est encore, mais pour peu de temps, les rives méditerranéennes, la vieille chrétienté et, certes, l'Europe leur doit tout.

Mais le déclassement va arriver très vite à partir de 1789 par le nord et le nord-est, c'est-à-dire la Prusse et l'Angleterre. Et l'Europe va basculer.

Pierre Chanu écrira très joliment que la France a certes des frontières géographiques, mais plus encore des « **frontières intérieures** » accentuées par le fait que la population passe de 18 à 28 millions d'habitants entre 1700 et 1800.

L'Europe des Lumières – qui certes a existé du temps du cardinal de Bernis, du prince de Ligne, etc. – a cessé de vivre le 14 juillet 1789, et ce indépendamment de la diaspora huguenote suite à la dramatique révocation de l'édit de Nantes.

La maçonnerie française prend une berline en marche

La noblesse s'interroge, en 1775-1780, sur son destin. Doit-elle se pavaner à la cour au risque de s'y brûler, tandis que l'avenir se joue dans ses terres de province ? Doit-elle succomber une nouvelle fois aux sirènes sanglantes des guerres, contre le pouvoir royal, à travers les différents parlements ?

Si elle voyage, en Angleterre, dans les colonies d'Amérique, elle doit réellement s'apercevoir que les lords britanniques s'essaient au commerce sur assez grande échelle. Or, si elle jette un regard sur l'extravagant royaume de Prusse, elle doit y découvrir l'Allemagne naissante.

Va-t-elle déchoir en faisant de même ? Elle est déjà à moitié ruinée, et s'allier à des roturiers n'est pas si mauvaise affaire. Mirabeau, dans son essai *L'Ami des hommes*, s'essaie à une dissertation sur le sujet.

Dans les salons on ne fait pas que se réunir. On prend parti, et même résolument parti, et le lendemain les libelles volent à travers les rues de la capitale, par douzaine, par centaines.

La médiatisation des idées prérévolutionnaires est donc fin prête. Et plus les ouvrages, les gazettes sont interdits, plus ils foisonnent. C'est un phénomène bien connu. Pour un ouvrage interdit, il va y avoir au moins quatre lecteurs sous le manteau.

Le pouvoir royal n'est pas inactif. Il alterne entre interdiction, répression – pas encore oppression – et laisser-faire et laisser-dire. Curieusement, il se met davantage à redouter les protestants formés à belle enseigne au contact de leurs frères anglais. L'exemple viendra donc des Pays-Bas autrichiens et de l'Angleterre.

Le pouvoir sait que les protestants ont à venger quelque chose, notamment la révocation de l'édit de Nantes, et s'ils sont républicains, c'est peut-être contre la monarchie catholique.

Il faut bien voir qu'au sortir des interminables guerres de Louis XIV, de la banqueroute frauduleuse de Law, le cynisme revient à la mode, d'abord à la cour, puis en province parmi ceux qui payèrent un lourd tribut à ces deux faits. L'irréligion latente fit le reste et, pour citer la princesse Palatine, nous lui emprunterons cette phrase :

> « Je ne crois pas qu'il y ait à Paris, tant parmi les ecclésiastiques que parmi les gens du monde, cent personnes qui aient la véritable foi. »

On parlera donc du refus de la religion et, dans ce contexte, il ne faut pas oublier que le sentiment monarchique s'est longtemps appuyé sur la religion.

Ce sont là des terreaux prêts à encourager les semis révolutionnaires.

Et puis cette noblesse, cette bourgeoisie s'ennuient. S'ennuient vraiment. Il leur manque quelque chose. Elles vont devenir les habituées des cafés du Palais-Royal, et fréquentent d'autres oisifs et bohèmes.

À partir de la convocation des États généraux, en septembre 1788, par Loménie de Brienne, il faut bien avouer que les « secrets » de la Maçonnerie furent vite oubliés au profit de revendications sociales tout en en faisant partie. Mais le siècle des Lumières, des Illuminés, des occultistes, des alchimistes ou supérieurs inconnus, était passé de mode, approchant de sa fin.

C'est dire que le recrutement des francs-maçons en 1730 et celui de 1780 diffèrent considérablement. Ce fut le tour des maçons lyonnais, ayant à leur tête Willermoz, que de ne pas s'en apercevoir. Ils devaient payer fort cher leur aveuglement ou, disons le mot s'il n'est pas trop fort, leur constante naïveté.

Le devoir d'égalité fraternelle, chère aux francs-maçons du compagnonnage formés au secret des arcanes du métier, se situant dans une atmosphère de tenue de chantier le soir, où tout se débattait, a pu certes préfigurer la maçonnerie opérative devenue, par la force des choses, spéculative lorsque les compagnons de France quittèrent le royaume en 1314. Bien qu'ils fussent récupérés par leurs homologues d'Écosse.

Si les nobles et autres représentants du Tiers-État s'inscrivirent en masse dans les ateliers maçonniques à partir de 1740-1750, c'est que, précisément, la société « idéale » à laquelle ils appartenaient ne leur apportait plus rien, alors que le monde venait brusquement et de s'ouvrir et, surtout, de changer.

Par ailleurs, il ne faut pas oublier les idées de société idéale ou utopiste de Bacon et More, importées avec succès et délice en France.

Les cahiers de doléances soulignent, d'abord, une préparation mentale, collective.

Quoi ?

Il pouvait donc exister une société où régneraient sans partage la paix, la concorde et la justice sociale ! Comme au temps de Platon. Du coup,

Montesquieu s'en empara. On devait rester chez nous. Voilà pourquoi Rousseau – qui ne fut jamais franc-maçon – et Voltaire – qui, lui, le fut sur les dernières années de sa vie – auront autant de succès.

La maçonnerie française prit-elle la berline en marche parce qu'elle passait dans la rue ? Ou, à l'inverse, en développa-t-elle le mince fil du départ ?

Car, en 1750, malgré le désir de ne s'intéresser, entre autres choses, qu'aux plaisirs du Roi et de sa maîtresse, la maçonnerie ne se proposait pas de finalité politique. Ses secrets pouvaient varier, mais sans le moindre indice d'une conspiration politique.

Alice Joly est sans complaisance, elle, avec ces « occultistes protestants, imposteurs, charlatans, ambitieux » entrés en maçonnerie pour y faire une « cure de mystère et d'absurdité », et de ce fait elle, ne reconnaît à la maçonnerie en général, et à celle des ateliers lyonnais en particulier, la « moindre influence sur la Révolution française[1] ».

« Je ne comprends pas, ajoutait-elle, comment on arrive à personnifier une association aussi artificielle et si peu unie... ». Le reste du paragraphe et des pages suivantes est à l'avenant.

Nous l'avons cité, d'abord à titre d'avocate du diable et pour être tolérant à la Voltaire, mais avec beaucoup de réserve mentale quant à ses jugements à l'emporte-pièce. Mais il est vrai qu'avec les maçons du XVIIIe siècle, à Lyon, il y a beaucoup à redire. D'autant qu'ils ne ménagèrent pas leurs efforts pour être les dignes représentants des loges prussiennes filles de la loge « la Stricte Observance ».

Cet auteur nuancera tardivement son jugement en reconnaissant, cependant, qu'il a pu y avoir dans la maçonnerie une école de perfectionnement humain. Fort heureusement pour nous.

L'Europe des Lumières correspond, selon certains auteurs, à une pensée littéraire féconde – écrits, mémoires, pensées, théâtre… Certes.

C'est oublier cependant que cette pensée, insensiblement, va glisser pour devenir une pensée politique intégrant la gestion de la cité, et plus ou moins soumise, non à des notions, mais à l'imperium de la raison.

---

1. A. Joly, *Un mystique lyonnais*, *J.-B. Willermoz*, p. 205 et suivantes.

C'est d'autant plus vrai que les véritables maîtres à penser de la fin du XVIIIe siècle – Voltaire, Rousseau, Condorcet, Montesquieu… – ont voulu jouer un rôle politique.

Si le non-envahissement des idées politiques n'est pas encore de mise, que dire alors de la vengeance de Jacques de Molay, constitutive à elle seule d'un vaste programme de rénovation monarchique ?

Une nouvelle morale

Il y eut donc un parti philosophique avant qu'il ne devienne un parti politique.

Diderot sera le seul ayant su donner au déisme et au matérialisme leurs lettres de noblesse. On a écrit de lui qu'il fut le fondateur du matérialisme expérimental. On a connu le matérialisme historique, ici on est dans une phase plus critique encore.

En fait, il a très vite deviné et dominé la doctrine de l'évolution. Et il s'engouffrera dans cette voie en un siècle d'évolution au niveau scientifique. Cela changera, certes tard, mais en 1770 c'est encore nouveau. Il fut l'un des professeurs les plus éloquents et les plus écoutés de la morale laïque et humanitaire.

Parlant de morale, il nous faut dire un mot de l'évolution sémantique de ce mot. La morale, auparavant, était affaire d'Église ou de Justice.

Désormais, à partir de 1780 – c'est bien pourquoi les événements décrits dans cet ouvrage prendront tout leur relief – elle deviendra, sans qu'elle s'en doute, **la morale du citoyen**. Et, fort habilement, celle-ci, à son tour, se transforma en une morale particulière du **citoyen français.** On aura noté la subtile modification de la philosophie.

L'idée de liberté se conjugue dès lors sur plusieurs tons, à commencer par une justice enfin sociale en commençant par une réforme en profondeur des tribunaux.

Ensuite, par l'appartenance à un grand Tout, qui ne serait pas simplement catholique, sans pour autant proclamer encore la religion de la Raison, mais déjà celle de Progrès.

Il faut bien saisir l'importance des travaux des loges où se débattaient des thèmes beaucoup plus prosaïques et matérialistes que purement philosophique. Ou alors, si on faisait de la philosophie, c'était pour sublimer la vertu des anciens.

Le progrès a ses écrits. Car il se lit dans l'avenir de la Nouvelle Amérique. Quelque chose allait changer, vers quoi on se dirigeait et dont on ignorait tout. Révolution allait de pair avec bouleversement. Bouleversement du pouvoir, des idées reçues, d'une conception autoritariste de l'État, guidé par la jeunesse.

Le tort de la noblesse française – et pourtant, au contact des « Américains », elle aurait pu et dû ouvrir les yeux – a été de miser sur la rente, c'est-à-dire la rente d'état, privilèges, charges, bénéfices... plus que l'exploitation des terres agricoles ou la participation à des œuvres individuelles et capitalistiques.

D'où l'échec de la Compagnie de la Louisiane et de la Compagnie des Indes. Les protestants seraient restés, le royaume de France aurait évolué différemment.

Cette mentalité de « rentiers » – bien française au demeurant, encore une fois – jouxte à la politique des « emplois réservés» – et non dus au mérite –, joua un rôle certain dans l'évolution du parti politique.

C'est de cette époque que date l'émancipation des Noirs, car il se fonda à Paris, par des maçons, « la Société des Amis des Noirs », prônant leur libération des chaines ancestrales. Brissot en fut la cheville ouvrière, et surtout Olympe de Gouges, une « sœur » très active en ce domaine.

Poussons le bouchon encore plus loin. Joseph de Maistre, maçon profondément mystique, alla suggérer au grand maître du rite écossais rectifié, le duc de Brunswick, l'unité de toutes les religions ou du moins celle des Églises. Œcuménisme tout autant qu'universalisme, avant la lettre. Avec un parfum d'angélisme.

La conscience d'un Universel

Envisageons vers 1760-1770 la franc-maçonnerie des loges au sein d'une entité de développement, non comme des obédiences rivales.

Qu'observons-nous en examinant attentivement les événements de ce siècle des Lumières ?

La part prépondérante des écrits relatifs au cosmos, au progrès dans tous les domaines – y compris l'artillerie qui fera gagner bien des batailles – encyclopédistes, rédacteurs de gazettes, et une poste plus rapide, permettent de diffuser les idées. Un peu comme du temps des templiers. Les produits et les hommes circulent. Sans parler des guerres à répétitions issues du siècle de Louis XIV.

Et les idées également, si les hommes circulent.

La franc-maçonnerie prend donc la bataille en marche sans être pour autant du dernier carré. Quoique la maçonnerie soit bien à la mode en France, si la France n'est plus à la mode en Europe. Mais cela, elle ne le sait pas.

Elle n'est pas encore l'homme malade de l'Europe à l'image de l'Empire ottoman au XIXe siècle, mais étant fragile, fragilisée par les événements, elle est une cible de choix pour renverser des édifices séculaires.

Donc existent des forces en mouvement, des idées débattues le soir lors des agapes des loges, préfiguratrices de cercles plus politiques qui en seront rapidement issus.

La franc-maçonnerie, sans nécessairement au départ avoir en vue un objectif bien délimité, a puissamment contribué à mettre également en mouvement quelque chose d'entièrement nouveau en 1760-1770, c'est-à-dire la **conscience** d'un **universel**.

Par là, il lui fallut intégrer des individus dans ses ateliers, qui vraisemblablement ne l'auraient pas été quelques décennies plus tôt. Participer, intégrer, adhérer à des idées même les plus radicales, ainsi d'une tendance commune à cimenter le tout.

Par idée plus radicale, il faut analyser, surtout de la part des nobles – parce qu'ils voyagent peut-être plus – une constitution plus civile du clergé, le rejet du gallicanisme, celui de l'hérédité nobiliaire et plus encore celui des fonctions.

La nuit du 4 août 1789 s'enchaîne donc tout naturellement. La destruction de la Bastille, symbole du despotisme royal, va alors rejoindre l'abolition des privilèges, demandée fort paradoxalement par un assez grand nombre de nobles.

Le duc d'Aiguillon, franc-maçon, va s'en prendre avec une fort coupable légèreté, une non moins traîtresse attitude à l'égard de la famille qui le nourrit, très violemment à la « tyrannie féodale »

Quant au duc de Montmorency, franc-maçon déclaré, il va réclamer purement et simplement l'abolition de la noblesse, sans trop réfléchir, il est vrai. Mais d'autres francs-maçons du Tiers-État montent sur la tribune. L'abbé Grégoire sera de ceux-là et surenchérira avec l'abolition du droit d'aînesse.

Chapitre V

L'AFFAIRE DU COMTE DE SAINT-GERMAIN II

La mission officieuse de Saint-Germain ou le « Secret du Roi »

Saint-Germain serait-il, à son insu, un des acteurs importants de la Révolution française par le rôle joué ci-après ?

L'animosité du duc de Choiseul pour Saint-Germain, ne sachant qui il était exactement alors que Louis XV paraissait le savoir, amena une sérieuse affaire entre la France et l'Angleterre, et ces deux pays, toujours en guerre larvée, n'en méritaient pas tant.

Le maréchal de Belle-Isle – petit-fils du surintendant des finances de Louis XIV, Fouquet, ce qui est quand même piquant – était un ami du comte et ministre de la Guerre, donc très au fait des désastres qui commençait à s'accumuler sur nos têtes. En revanche, Choiseul était le ministre des Affaires étrangères.

Au terme de conciliabules secrets, Louis XV aurait chargé Saint-Germain de s'entremettre auprès des Anglais pour convenir d'une paix acceptable par tous et chargea Belle-Isle de lui confier un blanc-seing pour sa mission en Hollande, territoire plus ou moins neutre pour les deux pays et où le Comte pensait rencontrer des émissaires anglais.

Or, tout ce qui touchait à l'Angleterre indisposait Choiseul, partisan d'une guerre à outrance contre ce pays et favorable, au contraire, à une alliance avec l'Autriche. Bien évidemment, il entendit parler d'une mission – financière, selon les Anglais, pour négocier des emprunts et une parité de monnaie – donnée à Saint-Germain, allant dans le sens d'un compromis avec l'ennemi héréditaire.

Le 14 février 1760, le maréchal de Belle-Isle remit enfin le blanc-seing, signé par Louis XV, au comte de Saint-Germain. L'ambassadeur de France, Monsieur d'Alfrey, fut évidemment informé de l'arrivée de Saint-Germain.

Celui-ci rencontre, comme si de rien n'était, un certain nombre de personnalités hollandaises et anglaises sans problème, voire même avec beaucoup de facilité. Fréquente-t-il, à cette occasion, des loges protestantes ? Le fait est assurément possible pour expliquer la facilité avec laquelle il noua des contacts.

Il rencontre, très peu de jours après sa venue, Sir Joseph Yorke, plus ou moins ambassadeur anglais, ainsi que Monsieur de Bentinck Van Rhoon, président du conseil des députés de Hollande. L'affaire était donc de la plus haute importance.

Or, les propositions de paix « amenées » par Saint-Germain étaient à ce point précises que Sir Yorke se met à douter de la qualité, voire même de la qualification de Saint-Germain pour les discuter, alors qu'il n'était même pas français, et encore moins ambassadeur ou chargé par Choiseul de les présenter.

Selon une lettre de Monsieur de Kauderbach – ministre polonais – au comte Wackerbach, certains passages montrent bien la pénible impression ressentie par le Comte concernant le royaume de France, qui avait bien besoin d'une paix séparée pour rétablir son équilibre intérieur.

En voici quelques extraits :

> « Ceux qui entourent le roi de France ne sont que des créatures placées par les Frères Pâris – responsables de la banqueroute du pain tout en s'y étant enrichis – et qui seuls font le malheur de la France. »

« [...] De là, la jalousie et la désunion parmi les ministres – notamment Belle-Isle et Choiseul – qui semblent tous servir un monarque différent. »

Las, une lettre de Saint-Germain à la Pompadour tombe entre les mains de Choiseul – nommé, depuis peu, surintendant des Postes. Elle était, cette lettre, sans complaisance sur la duplicité du duc de Choiseul et sur ses manœuvres pour faire échouer tout compromis de paix.

C'est bien pourquoi l'anglais Sir Yorke devient véritablement méfiant sur la qualification de Saint-Germain, même si les deux hommes pouvaient appartenir à des obédiences maçonniques. Car l'enjeu était bien plus important que leurs personnes.

Les pourparlers, de fait, en restèrent là. Mieux, Saint-Germain dut s'enfuir précipitamment de Hollande, Choiseul ayant ordonné à l'ambassadeur de procéder à son arrestation.

Pour la petite histoire, Saint-Germain dut emprunter à la hâte à un ami, usurier juif, du nom de Boaz, quelque argent pour monter à bord d'un bateau.

Quelques jours plus tard, lors d'un conseil des ministres, Choiseul se permit de raconter à sa manière l'épisode plus ou moins burlesque. Ni Belle-Isle ni Louis XV n'intervinrent. Saint-Germain était donc désavoué. C'est bien le sort des espions.

Ils sont abandonnés lorsqu'ils ont perdu ou que la mèche a été vendue. Le fait même que Choiseul fut au courant rendait vaine toute autre tentative.

Le « Secret du Roi » avait échoué et plus encore les hommes, partisans d'une paix enfin négociée au mieux des intérêts des deux parties, et faisant partie de réseaux maçonniques aux ramifications fort complexes.

On comprend, par ce récit, la volonté de Saint-Germain de réussir sa mission – à moins qu'il se la soit confiée à lui-même après en avoir informé le Roi qui en était d'accord.

La paix avec l'Angleterre, c'était éviter la guerre de Sept Ans et nos désastreuses défaites, qui contribuèrent fortement à ébranler la monarchie bourbonienne avec la perte de nos colonies d'Amérique.

Supposons que l'affaire ait été plus minutieusement préparée et menée. La paix est signée. La guerre de Sept Ans qui va, de part et d'autre, affaiblir les deux nations, risque, au contraire, de les stabiliser si les hostilités cessent.

L'insurrection américaine eut-elle été possible avec des forces armées anglaise beaucoup plus importantes ? Louis XVI eut-il accepté d'aider les insurgents, pour la plupart francs-maçons, alors que l'on sait l'influence des loges américaines sur la noblesse française ?

Chapitre VI

L'affaire de Philippe Égalité

Les Orléans ont, toutes générations confondues, longtemps haï les Bourbons pour de multiples raisons, qui les rendirent comploteurs, agitateurs, et avec celui-ci régicides.

L'histoire accumule les anecdotes où, depuis Louis XIII en passant par le dernier de la liste, Charles X, ils s'en prirent à l'autorité bourbonienne pour y substituer la leur, ne s'accoutumant jamais d'être les seconds, voire même, en certains cas, des remplaçants, à l'exemple du Régent.

C'est donc dire, par là, que leur amertume, certes concevable dans des familles royales, s'est puissamment exacerbée au fil des décennies au point d'en faire les adversaires résolus de la monarchie.

C'est ainsi que, sans surprise, nous tirons Philippe d'Orléans parmi les opposants les plus furieux de son cousin royal.

Seul, y serait-il parvenu ?

Rien n'est moins sûr. Cependant, Philippe d'Orléans est franc-maçon ; son entourage l'est plus encore, et son secrétaire, Choderlos de Laclos, lui fera tourner la tête princière dans tous les sens, jusqu'au jour où il deviendra régicide.

Il manquait une voix lors de la mort de Louis XVI, ce fut la sienne qui emporta le Roi sur l'échafaud. Échafaud qu'il devait, à son tour, rejoindre quelques mois plus tard.

Seul ? Non, assurément.
Mais ses bons amis anglais ont dûment chapitré sa dernière maîtresse en date, une Anglaise doublée d'une espionne et qui lui faisait aussi ses fins de mois, Grace Eliott.

De par ses nombreux voyages et séjours à Londres, d'Orléans a noué également des contacts avec la franc-maçonnerie anglaise (ayant adopté le point de vue gouvernemental), et avec celle qui s'oppose à sa rivale, l'obédience des insurgents.

Ces francs-maçons savent habilement jouer de l'aversion du duc envers la monarchie, d'autant qu'ils y trouvaient un grand intérêt, comptant parmi ses frères les propres membres du Gouvernement depuis toujours hostiles aux Bourbons.

D'autant plus hostiles qu'ils avaient en travers de la gorge l'affaire américaine, où Vergennes venait en partie de venger la désastreuse guerre de Sept Ans et la perte de nos colonies.

Mais ce n'était pas suffisant, car depuis Louis XV et le fameux « **Secret du Roi** », la politique française a été de soutenir les rébellions jacobites en Écosse et en Irlande.

Par révolte jacobite, il faut entendre celle des partisans de Jacques Ier, qui ira jusqu'à un débarquement manqué, le gouvernement anglais ayant vu la main de la France dans cette opération et cela lui reste en travers de la gorge.

Par ailleurs, la politique française a été, de tout temps – la réciproque étant vraie – de susciter des mécontentements à Londres dès qu'il s'agissait d'augmenter les impôts. L'argent du « **Secret du Roi** », alors dirigé en Angleterre par le **chevalier d'Éon**, permit à ce genre d'opération de se dérouler, quelle qu'en soit l'issue. Ce dernier fut initié à Londres à la loge l' « Immortalité », et a fréquenté en France la loge « Les Amis réunis à Tonnerre ».

Le « Secret du Roi » a été dénommé ainsi car Louis XV, mécontent des dépêches de ses ambassadeurs, comme du comportement de son ministre des Affaires étrangères, avait décidé de passer par-dessus leurs têtes respectives et de considérer seulement les avis de certains personnages, envoyés plus ou moins en mission dans les capitales concernées : Vienne, Saint-Pétersbourg...

Un autre fait exaspéra Philippe d'Orléans. En mai 1774, Louis XV meurt, et son fils le dauphin également. Doit normalement lui succéder le petit-fils de Louis XV, c'est-à-dire le duc de Bourgogne, frère ainé de Louis XVI. Or, celui-ci disparaît également.

La destinée des Orléans, qui les avait favorisés un instant avec la Régence, leur était à nouveau contraire. C'était le père ou le frère aîné de Louis XVI qui auraient dû régner, puisque lui n'était que le cadet.

Et, ce jeune homme ignore tout de la politique, car seul, son père a été initié par Louis XV, et il est à ce point balourd qu'il se rapporte qu'aux premières semaines de sa fonction royale, il aurait fait la révérence à ses propres cardinaux. Contre-vérité sans doute, mais elle dépeint le personnage, ce qui contribuera à exaspérer le cousin.

D'Orléans a voulu – mais plus encore sa coterie – une monarchie constitutionnelle à l'anglaise, dont il aurait été le monarque rêvé.

A-t-il voulu la révolution pour accélérer le mouvement ?
Le problème se pose en partie, mais en partie seulement par la tache sinistre qui obscurcira désormais son gilet, une infamie. Il a voté la mort du Roi. On ne va pas le lui pardonner, ni dans un camp, ni dans un autre.

La destinée des Orléans est sans équivoque. De son mariage avec Louise Adélaïde de Bourbon, Philippe eut, et avec maintes maîtresses, dont l'anglaise Grace Elliott, plusieurs enfants, dont Louis-Philippe duc de Chartres, qui devint roi des Français en 1830 en acceptant que le drapeau tricolore soit substitué au drapeau fleur de lys.

Si nous évoquons à ce point la funambulesque silhouette du duc d'Orléans, c'est bien parce qu'il fut le grand maître de la franc-maçonnerie française. Le point de départ des intrigues de ce prince est évidemment à chercher dans son parti-pris de tout temps de s'opposer à la couronne, mais un fait anecdotique va prendre beaucoup d'importance.

Le 28 avril 1789, des manifestants contre des financiers et surtout agitateurs s'étant enrichis – peut-être le résultat de la guerre des farines –

montèrent une barricade rue de Montreuil, et le carrosse de la duchesse d'Orléans se trouva pris dans la cohue générale.

Or, la barricade s'ouvre, la duchesse d'Orléans – ou son carrosse – ayant été reconnue. On peut penser que les ennemis du duc s'emparèrent de l'affaire en soulignant que la présence de la Duchesse, en ce jour et en ce lieu, ne pouvait être fortuite : la Duchesse n'est autre que la belle-sœur de la princesse de Lamballe.

Rappelons également que parmi les sources d'inspiration des premiers cahiers de doléances – désormais contestataires à tous crins – figurent les plumes de certains francs-maçons dont, en l'espèce, Choderlos de Laclos, avec ce titre : *Instructions pour les personnes chargées d'une procuration aux États généraux.*

S'ensuivit une liste précise d'attitudes à adopter pour les membres des États généraux, membres de la coterie des Orléans.

La dot de mademoiselle de Penthièvre[1], devenue son épouse, permit au duc d'Orléans de rémunérer grassement les soutiens qui lui manquaient encore. Cela lui permit, à trente-neuf ans, de devenir grand maître de la franc-maçonnerie française.

Disposant donc d'une réelle fortune, il sut s'entourer d'une chambre secrète de zélés serviteurs, qui firent tout le travail à sa place, dans laquelle on trouve des noms très connus, notamment Dumouriez, Biron, le chevalier de Saint-Georges – remis à la mode récemment –, un jésuite Cerruti, un abbé d'Espignac.

Il fut blessé par cette « flèche » de Mirabeau, à l'issue du triste épisode du 15 juillet 1789 : il devait se rendre à Versailles pour infléchir la volonté royale et se déroba au dernier moment :

> « C'est un eunuque pour ce genre de crime. Il voudrait bien, mais il ne peut pas[2]. »

De même, Michelet devait compléter ce peu reluisant portrait :

> « Le duc d'Orléans a eut peur de la Révolution. Il écrit au Roi à **plat ventre.** »

---

1. Par son père, le duc de Penthièvre, elle était l'une des plus brillantes fortunes du royaume.
2. D'après Michelet, *Histoire de la République française*.

Une autre anecdote explique l'aversion du duc d'Orléans pour son royal cousin, pourtant non habitué aux joutes verbales. Il rêvait d'acquérir le Palais-Royal et ses dépendances, et il y parvint en partie. Louis XVI lui en fit la remarque :

> « Et bien mon cousin, il paraît que vous ouvrez à votre tour boutique. Nous ne nous verrons plus que le dimanche. »

Mais si le Roi se moquait, il aurait dû prendre garde à ces mêmes boutiques qui, pour la plupart, devaient devenir des cafés littéraires où, là encore, entre deux tasses de chocolat, on modifiait la France.

Le Duc, financier fort avisé, se mit à vendre ses domaines – qui appartenaient à sa femme – ou ses immeubles, preuve d'un réalisme certain. Ses ennemis lui font grief – à raison, d'ailleurs – d'avoir aussi spéculé sur le blé en 1788-1789, ce qui déclencha les émeutes en octobre 1789.

Or, l'argent de Pitt, Premier ministre anglais, permit également l'achat d'autant de blé pour le stocker, ce qui nuira à la population et l'affamera. Ce n'est donc pas d'un grand homme dont nous parlerons.

Il agit, par sa coterie, à partir de 1790-1791, pour être désigné par l'Assemblée comme lieutenant général du royaume, ce qu'il lorgnait depuis sa plus tendre enfance.

Il fut l'un des meneurs du groupe des quarante-sept députés de la noblesse qui se rallièrent au Tiers-État en juin 1789. À son retour de Londres, en 1790, il s'affilia au puissant club des Jacobins, fut candidat à la Convention nationale, et prit le nom, sans qu'on le lui demandât, de **Philippe Égalité**. Le seul atout qu'il pouvait faire valoir était de ne plus attaquer la monarchie, s'il en devenait le roi.

Sa déclaration en janvier 1793, selon laquelle il ignorait tout du fonctionnement du Grand Orient, de sa composition exacte, fut accueillie par un froid glacial, même parmi les non-maçons. On procéda alors à sa **dégradation**.

Il fut arrêté à Marseille. Avait-il choisi de s'enfuir ? Ramené à Paris, rapidement jugé, il fut exécuté, un mois après Marie-Antoinette.

Un « révolutionnaire » anonyme s'écriera :

> « Égalité, certes, mais pas acquitté. »

Chapitre VII

LE ROI VOLTAIRE

Le bonheur est à l'ombre des vertus

La diffusion des idées nouvelles se répandit d'abord par les gens de lettres, notamment sur la dichotomie classique entre déisme et matérialisme. Mais en 1760, ce n'était pas encore grave. Du libertinage intellectuel, tout au plus.

Par contre, on attaque avec véhémence le fanatisme – pierre d'achoppement de la maçonnerie – et l'on écrit ardemment sur la tolérance. Cette guerre est dirigée contre les prêtres épris de Dieu et d'absolutisme divin. On ne supporte plus ni l'un ni l'autre. Graduellement, se fait jour une certaine morale laïque.

Cependant, les gens de lettres s'occupent encore assez peu de politique, mais ils y arrivent par le biais de discussions économiques, celles qui ont cours après le désastre du Canada et des colonies d'Amérique. Les moralistes chrétiens emboîtèrent le pas au nom de la spéculation.

On s'achemine donc, insensiblement, vers une lutte – non ouverte encore contre l'autorité, mais pas encore contre la monarchie absolue. On s'en prend, pour le moment, à des ministres et la Pompadour jouera un singulier rôle dans leurs renvois. L'irréligion se répand même en province par suite du simonismes des curés.

Ce vortex intellectuel trouve alors à s'exprimer par les journaux et gazettes de plus en plus prisés. Au départ, deux seulement : le *Journal de Paris* et le *Mercure de France*, fort prudents l'un et l'autre. Mais pas pour longtemps.

La guerre va devenir larvée avec *L'Esprit des Lois* de Montesquieu, remettant en question bon nombre d'idées reçues, car cet ouvrage est très favorable à des idées républicaines. Son succès, en 1748, fut considérable, car sous couvert d'exemples tirés de l'histoire de l'antiquité, il assène des contre-vérités qui réjouissent les salons, ceux des provinces, entre autres.

On a enfin quelque chose à se mettre sous la dent. Montesquieu, de plus, a une haine viscérale du despotisme, même éclairé, de l'Inquisition, qui a fait tant de mal et de victimes. Mais il reste aristocrate, comme la plupart des maçons d'ailleurs. Leur rôle ambigu viendra de cette position sociale devenant rapidement intenable.

L'*Encyclopédie* parachèvera l'excellent travail intellectuel commencé, et ce, à partir de 1751, pour se terminer en pleine crise prérévolutionnaire, c'est-à-dire en 1772.

C'était, bien sûr, un dictionnaire, mais un dictionnaire raisonné. À travers des énoncés, l'*Encyclopédie* proclamera haut et fort que le destin de l'humanité n'est plus de se tourner vers le Ciel, mais de progresser, sur cette terre. Et sur cette terre grâce à la Raison. À un idéal mystique, elle opposera un idéal des plus réalistes.

Ainsi, à l'article « Liberté », on peut lire : « La ruine de la liberté renverse avec elle toute police, confond le vice et la vertu. »

À l'article « Bonheur », on lira également « que le bonheur est à l'ombre de la vertu ». On croit lire un opuscule maçonnique.

Helvétius occupe une place à part, car un seul de ses ouvrages compte vraiment. C'est son livre *De l'Esprit*, paru en 1758-1760, définitivement matérialiste, destructeur de toute religion, et même parfois de toute morale.

Mais le rôle le plus prééminent appartient à Voltaire. Il occupe, bien entendu, une place à part dans la révolution des idées, non pas seulement parce qu'il était franc-maçon, mais parce que ce fut le roi de l'ironie, et les Français purent bien se gausser de leur gouvernement grâce à lui.

Il se rendit célèbre par cet appel à la tolérance :

> « **Je ne suis pas d'accord avec ce que vous dites, mais je me battrai pour que vous puissiez le dire.** »

Cette phrase résume et Voltaire et l'esprit de tolérance. Il était, certes, un vieillard en porcelaine, comme il était un des premiers à s'en plaindre, mais il est, bien évidemment, la tête de liste de la rébellion à présent ouverte par les pamphlets anonymes clandestins qui lui furent cependant rapidement attribués.

Toujours avide d'un bon mot au duc de Montmorency, qui le brocardait sur son nom : « Vous appelez-vous Arouet ou Voltaire ? », il répondit : « Mon nom commence au moment où le vôtre s'éteint. »

Deux cents feuillets lui sont créditées et la bataille est pittoresque. C'est encore un jeu d'escrime non un duel d'artillerie. Il haïssait, certes, le despotisme, mais n'avait rien de républicain. Il combat plus des cas concrets d'abus que l'abus lui-même.

Il fut incontestablement un roi de l'opinion. Et en historien consciencieux – n'a-t-il pas écrit *Le siècle de Louis XIV* ? il étudiera les mécanismes du gouvernement anglais et surtout du contrôle des pouvoirs.

Voltaire, pourtant déiste et non théiste, se singularisera en soulignant que l'irréligion, ou plutôt l'anticléricalisme, de son époque n'était qu'une tolérance maçonnique bien comprise.

Et l'on arrive enfin, même si l'idée était sous-entendue, à la critique de la vie politique. Aux gazettes, aux salons, aux pamphlets, viennent s'ajouter désormais les cercles politiques, qui ont commencé leur activité à partir des salons où trônaient de redoutables égéries.

Que l'on songe aux salons de Madame de Tencin où brillent de Fontenelle, d'Alembert, ceux de Madame de Geoffrin et de Madame du Deffand.

Dissertation, réflexion, jeux d'esprit et ironie visent injustice sociale, abus de droit, erreurs politiques. Le ton va ainsi changer.

D'ironiques et de pathétique, il va se faire cruel, et violent. Ce n'est plus de modifier, de rectifier que l'on suggère ou propose. Ce n'est même plus la raison qui conclut. C'est la colère qui parle et la révolte qui se prépare.

La liberté dont on était si fier, si arrogant, n'existait-elle pas ? C'est faire un mauvais procès à cet abhorré Ancien Régime que de lui refuser la liberté d'expression. Jamais, dans le royaume de Prusse et l'Empire autrichien de 1750, on ne put voir pareille liberté s'exprimer.

S'il est vrai que des imprimeurs, des libraires, des colporteurs même furent condamnés au carcan, on les compte sur les doigts de la main. Huit seulement.

Alors de qui se moque-t-on, en vérité ? Et l'on cite en exemple, comme à la télévision de nos jours, précisément les cas les plus extrêmes pour attirer la sympathie sur eux alors qu'il eut fallu s'extasier sur la tolérance du pouvoir.

En 1788, un apothicaire qui avait acheté – en s'en vantant sur tous les quais de Seine – le *Christianisme dévoilé*, fut condamné à huit ans de galère et le colporteur qui le lui avait vendu à cinq ans. Démesuré ou pour marquer le coup ?

En tout état de cause, les peines étaient disproportionnées, mais le but était atteint : on en parle beaucoup, pour éclipser la tolérance. Et c'est ce que la foule retiendra.

Cependant le mécontentement politique fait tâche d'huile. Qui le provoque ? Citons pèle mêle : les rancunes de la misère impitoyable des lendemains de guerre qui n'ont pas chanté, les dépense effrénées de la du Barry, les lourdeurs des impôts, l'impopularité immédiate de la nouvelle reine, la guerre des farines, du sel.

Mais au fond, rien de bien nouveau depuis un demi-siècle. Ce mécontentement, pour la première fois, gagne la cour, qui s'en prendra au « libéralisme » de Choiseul et de ses amis, s'estimant plus ou moins trahie par la monarchie en vue des réformes qu'il était indispensable et urgent d'entreprendre. Chez ces beaux esprits de la Cour, il y a en plus de l'inquiétude. Ils envisagent des lendemains fort sombres.

Lorsque, à titre d'exemple, le bruit se répandit que la du Barry cherche à vendre des terres et bijoux par crainte d'un soulèvement du peuple, on se trouve en plein dans la réalité. L'édifice politique commence sérieusement à se lézarder.

L'enseignement à la base des réformes

Il est un point qui a été rarement soulevé s'agissant de la Révolution, à savoir l'enseignement et le rôle des francs-maçons dans sa transformation.

Lorsque paraît en 1760 l'*Émile* de Rousseau, le terrain favorable à une refonte de l'enseignement prend de l'ampleur. De plus, en 1782, les jésuites sont supprimés, qui dirigeaient cent-treize collèges, ce qui est énorme.

Ils demeurent sans professeurs, les jésuites, tous enseignants, sont partis ailleurs. Il faut faire vite pour trouver de nouveaux professeurs et on va prendre ce qui se présentera : des aigris, de très jeunes inexpérimentés, ce qui va aggraver le malaise dans le suivi des cours, mais pousser les discussions fort loin.

Des discours, donc, mais pas de cours. Et puis foin de la tyrannie du latin et du grec. Parle-t-on latin avec les harengères ! Donc les propos des réformes des nouveaux pédagogues, soutenus évidemment par leurs élèves qui séchaient les cours en grand nombre, ces propos abondent.

L'enseignement, sur un petit nombre d'années, va se transformer radicalement. À Louis-le-Grand, un des fleurons de l'enseignement, tous les cours se donnent désormais en français, ce qui n'est pas plus mal, d'ailleurs, car cela favorise plus de matières en rhétorique, dont les toutes nouvelles sciences modernes pour l'époque. De plus les écoles dites « militaires » connaissent un succès éclatant.

La mode diffusera ces nouvelles pratiques et s'emparera des cafés littéraires, des salons, et les gazettes en seront le diffuseur éloquent. La philosophie s'installe aussi dans les collèges et, avec elle, les idées nouvelles sur le monde, le respect des anciens... Bref, l'esprit critique entre dans celui des jeunes élèves, ce qui est le but recherché.

Mais qui a supprimé l'ordre des Jésuites ? La franc-maçonnerie ?

Mais non, c'est la monarchie qui scie, là encore, une de ses branches. Ceux qui vont avoir bientôt dix-huit ans ou vingt ans ont vécu dans une irréelle atmosphère à voir l'enseignement – sans parler des enseignants – mis à la lanterne. Un remarquable champ de manœuvre a ainsi été dégagé pour les futurs militants révolutionnaires.

Des jeunes épris de liberté, à commencer par celle de s'exprimer

Une nouvelle génération, que beaucoup de choses séparent désormais de leurs parents, ne refuse pas vraiment le pouvoir, mais contribuera à ébranler des édifices que l'on croyait fait en pierres très dures et cimentées.

Et pendant ce temps, le pouvoir, ou plutôt les pouvoirs, changent peut-être de mains et de têtes, mais font de la résistance passive. Ils ne voient rien, censurent, déplorent, passent déjà à l'ennemi, bref émigrent. Comme le comte d'Artois, bien avant le 14 juillet.

Leur seule action est d'émigrer effectivement. Leur nombre, en 1789, s'élève déjà à 30 000, chiffre énorme pour l'époque. En Angleterre, en Autriche, en Italie, en Russie également. On les retrouvera contre les armées régulières, notamment à Jemmapes, Fleurus...

Curieusement, à partir de 1785, le rôle précédemment évoqué et dévolu à tout l'enseignement va s'amenuiser. Mais il aura considérablement servi, tout comme les seconds rôles de théâtre chargés d'appeler, de faire rire ou pleurer le public pour que celui-ci en ait pour son argent. D'où le triomphe du *Mariage de Figaro.*

Voltaire est mort dans son lit, lui, et non sur l'échafaud, contrairement à nombre de ses collègues. Mais il aura bien servi la cause révolutionnaire.

Voltaire avait joué sa partition faite d'un scepticisme ironique, d'une activité brûlante contre les abus et d'une raison raisonnante pour parler comme le font les maçons.

Il faut en convenir, la Révolution, tout au moins à ses débuts, fut une révolution optimiste, fondée sur le libéralisme philosophique de la décennie l'ayant précédée.

Les premiers révolutionnaires crurent, de bonne foi pour la plupart, au bonheur du plus grand nombre, peut-être pas encore à celui de l'humanité. Ils furent relayés par la nouvelle philosophie du libre choix, libre signifiant « dégagé de toute contrainte » et choix, voulant dire « aucune soumission à l'ordre établi ».

D'ailleurs, convenons-en également, les ferments prérévolutionnaires diffusés dans les loges dès 1770-1775 relevaient du même optimisme, voire de la même candeur. Mais en vérité, de tels ferments révolutionnaires n'auraient pu voir le jour éclairé, dans un monde clos, de silence et de solitude.

L'atout maître fut l'existence même de ces cercles et de ces ateliers, où tout prit dès lors une autre proportion. Mais il ne restait plus rien d'un simple point de vue spéculatif. Il fallait peut-être désormais passer à l'action.

Il fallut donc conclure les décennies précédentes sur un constat d'échec avec l'arrivée des nouvelles générations d'hommes et surtout la mise en œuvre d'incroyables projets qui n'auraient même pas été envisageables une décennie plus tôt.

Les estampes et les couplets

Ce serait un défaut que de ne pas mentionner ces deux « articles » de toute révolution bien menée tant ils abondèrent complaisamment depuis Louis XV.

Qu'on en juge. Lorsque le Roi, alité à Metz, dut faire amende honorable et pénitence, il s'engagea à renvoyer sa maitresse, la duchesse de Châteauroux, qui dut s'enfuir en toute hâte dans son carrosse arrosé de purin.

Le couplet suivant fleurit alors jusqu'à la cour :

« La paille au cul
Vous partez donc grande duchesse
La paille au cul
Qui de nous l'aurait jamais cru
Que Louis rempli de tendresse
Reverrait un jour sa maîtresse
La paille au cul. »

De la même manière, le musée Carnavalet, à Paris, détient des estampes fort intéressantes sur la nuit de Varennes et le retour du Roi à Paris, qui circulèrent abondamment, car elles étaient reproduites dans les libelles connus dans les gazettes.

Chapitre VIII

L'AFFAIRE DE LA RÉVOLUTION AMÉRICAINE

L'aristocratie française se prend à rêver à sa splendeur et à sa place. Elle se tourne vers l'Angleterre précisément au moment où celle-ci est aux prises avec deux phénomènes.

Le premier est lié, depuis quelques décennies, à cette toute jeune franc-maçonnerie où se côtoient nobles et roturiers.

Mais le second est tout aussi grave, les « insurgents » d'Amérique ne veulent plus de leur mère-patrie : ils veulent fonder non un nouvel état, mais une nouvelle société ; déjà « liberté, égalité, fraternité ».

Mais à travers ou grâce à une révolution dite « vertueuse », car le 1er juillet 1776 les « ex-colonies anglaises » déposent la Déclaration d'Indépendance des États-Unis.

Dans un précédent ouvrage, nous avons largement développé la révolution sociale et économique, mise en place par les Templiers dès le XIIe siècle. Comment ne pas voir dans la guerre d'Indépendance américaine un autre type de révolution, peut-être plus industrielle, il est vrai ?

Le point de départ fut un évènement qui, relaté au premier degré, paraît une joyeuse farce jouée au détriment des navires marchands anglais.

Voici, très brièvement résumé, l'incident.

La loge de Saint-André avait ses tenues à la Taverne du Dragon vert à Boston. Le 16 décembre 1773, elle ne put tenir ses travaux. Les documents, d'ailleurs, l'attestent. Mais les frères qui en faisaient partie étaient cependant à la Taverne.

Dans la nuit, « des Indiens » montèrent, sans se faire remarquer, à bord de vaisseaux anglais et jetèrent par-dessus bord des tonnes de thé. Puis ils s'en allèrent sans plus être inquiétés et rejoignirent la Taverne en question. Quelques heures après, les maçons en sortirent.

La « journée du thé », comme elle fut nommée, déclencha donc des représailles légitimes de la part des Anglais. Il faut reconnaître que, depuis quelques mois, les riches négociants « américains » refusaient d'acquitter les droits de douane exorbitants imposés par l'administration anglaise sur la plupart des produits importés.

Il n'est pas sans intérêt de noter que la loge de Saint-André était dirigée par Joseph Warren, intime ami de Franklin. Il était en outre l'animateur du Club radical « North End Caucus ». En outre, la loge, reconnue par la Grande Loge d'Edimbourg, était déjà la cheville ouvrière du monde maçonnique de l'Est des États-Unis.

Vénérable de la loge « des Neuf Sœurs », qui comptait déjà le savant Lalande et le philosophe Helvetius, Franklin, parvint à convaincre Vergennes, ministre des Affaires étrangères, d'intercéder auprès du Roi pour déclencher une opération de débarquement dans les colonies britanniques d'Amérique.

Il parvint, de plus, à faire éditer et publier, aux frais de Vergennes, un journal, *Les affaires de l'Angleterre et d'Amérique,* et *Le Mercure de France* lui ouvrit également ses colonnes, car ses dirigeants étaient, eux aussi, francs-maçons.

La légende veut que lorsque le jeune Voltaire vint à Paris, Franklin se hâta de lui rendre visite rue de Beaune et Voltaire, sanglotant, prononce la formule magique : « Dieu et Liberté ».

Il est paradoxal que Louis XVI, qui n'appréciait pas particulièrement la franc-maçonnerie, encourageât ceux d'Amérique pour déclencher leur petite révolution, alors qu'il s'agissait aussi d'une rébellion contre un gouvernement établi.

Deux idées majeures se dégagent de cette période prérévolutionnaire et qu'il convient à présent d'analyser, sinon la participation des francs-maçons dans la Révolution française demeure incompréhensible.

- La **révolution contre la tyrannie** est le plus sacré des devoirs. Ce sentiment exprime à la fois les idées de Washington – pour prouver curieusement la « sainteté » de toute rébellion – et celles de Franklin qui, en Europe et en particulier en France, trouva un terrain des plus favorables.
- Un ouvrage à présent, *Les considérations sur l'ordre de Cincinnatus*, publié à Paris en 1784, deux ans avant de l'être à Philadelphie. L'esprit de Cincinnatus vient du refus d'une quelconque **hérédité** au point de vue de la noblesse. Le comte de Mirabeau, grand ami de Franklin, en fut l'auteur.

Dire que l'ouvrage, à Paris, fit scandale est peu dire. Mais l'œuvre remporta un franc succès et il pénétra partout. Bien noter que ce fut cinq ans avant le début de la Révolution.

Rappelons-le : ce fut le premier pamphlet en Europe, écrit par un noble, contre le principe de l'hérédité, base même de l'autocratie et des gouvernements monarchistes. Mirabeau fut considérablement aidé par ses amis Chamfort, Ronellet, mais Franklin n'y fut point étranger, alors qu'il séjournait en France aux frais de Vergennes.

Il s'agissait donc bel et bien d'une campagne magnifiquement orchestrée. Mirabeau dénonçait pêle-mêle une aristocratie d'autant plus orgueilleuse qu'elle était plus ancienne et qui alléguait la pureté et l'ancienneté de son sang – le fameux sang bleu – pour légitimer sa fierté. Il démontrait, en se moquant d'un postulat mathématique, qu'à la 21e génération, il ne restait plus guère du sang originel.

Point d'hérédité, mais une juste méritocratie.

Il faut aller plus loin et deviner les germes embryonnaires du véritable sens de l'égalité maçonnique. C'est assurément là le plus curieux de ces « brillantes » années de la maçonnerie prérévolutionnaire.

Une maçonnerie donc égalitaire et antinobiliaire. Professée et proclamée par les nobles eux-mêmes, il était donc juste de parler du suicide maçonnique de la noblesse française.

L'enthousiasme de la jeune noblesse française

La jeunesse française s'enflamme pour cet idéal, d'autant qu'il s'agit de rosser les Anglais. Ils partent par dizaines et s'affilient aux loges américaines dans une maçonnerie soigneusement développée en France par Benjamin Franklin, premier ambassadeur du tout premier état.

Dans les manuels d'histoire des États-Unis, certaines explications conventionnelles sont systématiquement présentées pour rendre compte de la défaite militaire anglaise. L'hostilité du nouveau continent est à mettre aussi au crédit d'une politique de harcèlement, de guérilla, indépendamment des grandes batailles terminales[1].

En fait, ce ne fut nullement pour de simples raisons militaires que l'Angleterre perdit cette guerre. Un peu à l'image de ce qui s'observe sur d'autres terrains de manœuvres depuis quelques décennies. Car il est également vrai que bien des « colons » n'étaient pas forcément de farouches partisans de l'indépendance.

Ce fut une guerre civile. À l'image de la Révolution française en 1789 : les régiments anglais étaient formés, à l'évidence, de cadres francs-maçons. Il en était de même de l'autre côté.

La simple prévalence des loges militaires impliquait que les idées de progrès, d'épanouissement, de liberté étaient infiniment plus « réalistes » du côté des insurgents, qui contaminèrent leurs « frères » d'en face.

Les principes pour lesquels les insurgents se battaient étaient « maçonniques ».

Un témoignage est fort clair de cette influence reçue des insurgents par l'armée anglaise. Le général Howe, commandant un corps d'armée britannique, soulignait que sur ses trente et un régiments de ligne, vingt-neuf possédaient des loges maçonniques

De plus, Clinton, un autre commandant anglais, avait servi comme ordonnance de Ferdinand de Brunswick, que nous retrouvons au convent de Wilhelmsbab.

---

1. Notamment Saratoga.

La guerre d'indépendance américaine

Du côté des « rebelles », nous savons que sur les cinquante-six signataires de la Déclaration d'Indépendance, vingt-sept, c'est-à-dire près de la moitié, étaient francs-maçons. Trente-trois maçons sont également recensés sur les soixante-quatorze officiers insurgents.

Il n'y a donc pas, à proprement parler, de conspiration maçonnique, mais les courants de pensées se répandirent très vite dans les milieux commerçants et ruraux des futurs États-Unis. Cela est d'autant plus net, qu'indécis et hésitants au départ, les colons passèrent à une résistance radicale envers la couronne.

Pour A. Joly, les « insurgents » ont seulement cherché des alliances – en-dehors de toute idée maçonnique – en venant en France, mais en utilisant leurs réseaux[1].

La « maçonnerie américaine » est intéressante à observer car, pour la première fois, et sur une assez grande échelle, toutes les classes de la population s'y trouvèrent mélangées. Ce point frappa beaucoup les jeunes nobles venus de France, et en particulier La Fayette.

Ils rapportèrent donc tout naturellement cette nouvelle dimension humaine de la maçonnerie en France. Et dans cette dimension se propagèrent les idées – concrètement réalisées – de progrès, de lutte contre l'absolutisme, etc.

Avant de refermer ce chapitre, il convient de noter, sans surprise et avec beaucoup d'attention, l'influence maçonnique sur la Constitution des États-Unis, à un tel point que certains historiens américains n'hésitèrent pas à la qualifier de document maçonnique.

Trois des cinq « rédacteurs » de ce document étaient déjà des francs-maçons, à savoir : Washington, Franklin et Randolph. Apparemment, Jefferson ne l'était pas, ou ne l'était pas encore puisque, finalement, il s'aligna sur eux en fin de compte.

Dans toute belle et vertueuse histoire, il y a un bémol. Le voici.

1. A. Joly, *Un mystique lyonnais J.B. Willermoz*, p. 268.

Sur la fin du règne de Louis XV, les colons français d'Amérique, pour se protéger de l'immigration à tout-va britannique, ceinturent d'une série de forts leurs colonies.

Une troupe de Virginiens marchent sur le fort Duquesne aux fourches de l'Ohio.

Le commandant du fort envoie le lieutenant Jumonville pour parlementer. Dès qu'il est à portée de vue des Virginiens, il hisse un drapeau blanc. L'officier virginien le fait abattre. Cet officier s'appelait Washington.

Capturé un mois plus tard par le frère de Jumonville, Washington signe l'aveu de son assassinat[1].

Le premier lien avec la Révolution française ?

Il est d'importance. Le 4 février 1789, Washington est élu premier président des États-Unis. En janvier de la même année disparaît B. Franklin.

Et le 9 février 1789, les États généraux français se rencontrèrent pour la première fois à Versailles et formèrent, le 17 juin une Assemblée nationale, se déclarant, **eux** et **non le roi**, le véritable représentant du peuple français.

Il suffit de regarder le « billet vert » américain pour s'apercevoir qu'il est de conception maçonnique : un œil qui voit tout, dans un triangle surmontant une pyramide à quatre côtés et une banderole proclamant l'avènement d'un nouvel ordre séculier.

Le maillet, la truelle d'argent, l'équerre et le niveau utilisés par Washington pour la cérémonie sont aujourd'hui en la possession de la loge Potomac.5 du district de Columbia. Le tablier et la ceinture qu'il porta sont conservés dans sa propre loge, n° 22, d'Alexandrie.

Le tracé de la capitale, originellement du à l'architecte français Pierre l'Enfant, fut établi avec des motifs octogonaux intégrant la croix templière.

Comparaison n'est pas raison, mais comment ne pas effectuer un parallèle entre les colonies anglaises d'Amérique et le royaume de France, s'agissant de la franc-maçonnerie ?

1. G. Perrault, *Le Secret du Roi,* tome I, p. 268.

En Amérique, dès 1730, on rencontre les premières loges, celle de Saint-Jean, à laquelle appartient Benjamin Franklin.

La franc-maçonnerie s'y développe spectaculairement. Et de ce fait, étant en plein essor, elle se retrouva tout naturellement en tête des « insurgents », à l'image de ce qui se passe en France à partir de 1788, où elle constitua, à n'en pas douter, la seule organisation structurée et fédérée en face du vide de la monarchie et des groupuscules prérévolutionnaires.

Le Roi fera attendre sa décision concernant l'embarquement de volontaires désireux de soutenir la cause américaine, malgré la pression de Washington et de La Fayette. Finalement, il s'y résolut, mais refusa de financer l'expédition.

Ce fut à l'honneur de Beaumarchais que de le faire, justifiant ainsi l'ingratitude des Grands, puisqu'il ne fut jamais remboursé.

Fort de 6 000 hommes environ, sous les ordres de Rochambeau, se forme un contingent composé de quatre régiments.

Mais il faut savoir que ces régiments étaient déjà dotés de loges, ce qui explique ainsi la rapide diffusion des idées d'indépendance. Ce furent respectivement le Saintonge, le Bourdonnais, le Royal – Deux Ports – et Auxonne le Royal Artilleur.

Parmi les compagnons ou frères de Rochambeau, nous trouvons le duc de Castries – Loge Les Bons Amis –, le duc d'Antigny – Loge La Candeur –, Fersen, mais oui ! – Loge L'Olympique de la Parfaite Estime –, le duc de Montmorency – Laval– , le marquis de Rochechouart, le marquis de Beauharnais – qui deviendra grand officier d'honneur du Grand Orient– , Dupont de Nemours, Victor de Lameth, le comte de Ségur, le navigateur Louis de Bougainville…

Le nombre des officiers francs-maçons, dans ces contingents, est énorme, plus de deux cents officiers sur les mille du corps expéditionnaire. **Un officier sur cinq était franc-maçon**. Il est par ailleurs faux de dire que la haute noblesse ne s'y intéressa pas, abandonnant ce luxe aux seconds couteaux, lorsqu'on considère la liste, non exhaustive, donnée ci-dessus.

À l'évidence, la monarchie, même si elle rêvait de régler son compte à l'Angleterre après les désastreuses issues de la guerre de Sept Ans, fut des plus surprise par la composition de ce corps expéditionnaire, dont elle connaissait la participation à des tenues maçonniques.

Non seulement, les francs-maçons français furent engagés à visiter leurs loges concernées, déjà à bord des navires, mais encore la plupart des dirigeants de l'insurrection en étaient, à savoir G. Washington – de la Loge n° 4 de Virginie –, les généraux R. Caswell, Clinton, Dayton, Anderson, Monroe – le futur cinquième président des États-Unis –, lesquels nouèrent des liens très étroits avec leurs homologues venus de France.

La constitution américaine est, on le sait, l'œuvre des francs-maçons comme Bedford, Blair, Carol, Whipple, Livingstone, Mac Kean, et surtout Madison, fondateur du Parti Républicain et qui fut président des États-Unis de 1809 à 1817.

C'est signifier, par là – ce qui se vérifia par la suite en France – la participation, voire la rédaction, directe de l'élaboration des documents de base de la nouvelle république des francs-maçons américains.

Tout naturellement, les rédacteurs américains y associèrent leurs collègues de France, ce qui contribua, pour beaucoup, à renforcer leur conviction de jouer un rôle majeur plus tard.

La petite histoire, avide d'anecdotes, raconte que Washington, au moment de poser la pierre d'angle du Capitole, portait le tablier de satin blanc, brodé – dit-on – par Madame de La Fayette elle-même et que le général français lui avait offert en 1784.

Chapitre IX

La cour en est

C'est assurément l'aspect le plus mal connu dans la franc-maçonnerie, car il la conditionne en partie sous de multiples aspects que nous allons examiner.

Écrire que le duc de Montmorency et la princesse de Lamballe « en étaient » est une tautologie, car tout le monde le savait. Marie-Antoinette a même, dans une lettre, félicité son amie pour sa promotion au grade de grande maîtresse. Car en fait, Versailles « maçonnait » à tout-va.

Qu'on en juge d'abord par le nombre incroyablement élevé de francs-maçons dans l'entourage du Roi.

Des ministres d'abord : Maurepas en tête, Champion de Villeneuve, le futur ministre de l'Intérieur, Charles de Gerville, Chaubornas, Barentin.

Maurepas était membre des Amis Réunis, de 1791 à 1792, Champion de Villeneuve de la loge « Modération », et de Gerville de la loge « L'harmonieuse Réunion ».

À la Cour, c'est-à-dire très près du Roi, se trouvent :

– le duc de Richelieu de la « loge de Montmorency », Premier gentilhomme de la Chambre du Roi ;

– Charles de Broglie, titulaire, sous Louis XV, de son service de renseignements « Le Secret du Roi », affilié à la loge « Les Vrais Amis » ;
– le marquis de Dreux-Brézé, la « loge Frères d'Arme », maître des cérémonies ;
– le duc de Polignac de la loge « La Candeur », Premier écuyer du roi ;
– Joseph Raulin, médecin du roi, vénérable maître de la loge « Saint-Nicolas de l'Égalité » ;
– le propre valet de chambre Cléry, de la loge « La Concorde » ;
– le directeur de l'imprimerie royale, Anisson-du-Perron, loge « la Fidélité » ;
– le marquis de La Tour Maubourg, loge « l'Intimité » ;
– le prince Henri de Rohan-Guéméné, loge « Saint Jean de Montmorency » ;
– le duc de Grigny loge « Saint Jean de Montmorency » ;
– le duc de Gramont, loge « la Candeur » ;
– Joseph de Francœur, surintendant de la musique, loge « Les Amis Réunis » ;
– François Gossec, directeur de l'Académie royale de musique.

Sans parler du vicomte de Caraman, l'agent de Louis XVI auprès du Roi de Prusse, loge « l'Olympique de la Parfaite Estime » et du baron de Flaschlanden, son agent auprès de ses deux frères.

Dans l'entourage de Marie-Antoinette, nous trouvons également :

– la princesse de Lamballe, grande maîtresse de la loge d'adoption « Le Contrat Social » ;
– le propre aumônier de la reine, et futur évêque de Soisson, Roch Vichy, loge « le Bienfaisant » ;
– le secrétaire interprète de la reine, Henri de la Chaussée, loge « l'Olympique de la parfaite Estime » ;
– Jacques Augeard, secrétaire des commandements de la reine, premier général, loge « l'Olympique de la parfaite Estime ».

En ce qui concerne les frères du roi, nous trouvons :

– le secrétaire du comte d'Artois, Auguste de Piix, loge « La Candeur » ;

– le médecin du comte de Provence, le comte de Gerbier, vénérable de la loge « Guillaume Tell ».

Soixante-neuf loges militaires en 1789. Ce chiffre est impressionnant, car l'armée est gangrenée par la maçonnerie, cessant, dès ce moment, d'être le soutien fidèle de la monarchie, à l'instar de ce qui se passa en Iran du temps du shah.

Indépendamment des loges maçonniques civiles ou militaires, tout le monde voulut faire partie des sociétés populaires ou rejoignait des clubs politiques où on refaisait le monde, celui de la société dont on sciait gaillardement la meilleure branche. Celle sur laquelle on se trouvait assis au premier rang.

L'échafaud était déjà en place. Personne ne le savait encore.

Les listes peuvent être complétées par d'autres noms. Il nous suffit que les principaux acteurs agissent dans les cercles très fermés et du pouvoir et de la famille royale « en soient ».

Mais alors pourquoi y a-t-il eu une révolution ?

Car ces francs-maçons fréquentant leurs loges, non pas pour y parler d'alchimie, de secrets perdus, de supérieurs inconnus, mais pour discuter prioritairement morale politique, de philosophie, religieuse ou non, suivaient jour après jour la décomposition de l'État.

Se posent alors deux questions :

– Y ont-ils puissamment contribué en pariant sur l'ataraxie royale, l'intimidation, les volte-face, et accélérant ainsi le processus inéluctable ?
– Ont-ils, au contraire, participé à des plans de réforme, voués d'ailleurs à l'échec pour les mêmes raisons que celles précédemment exposées et ont-ils baissé les bras de résignation et de renoncement ?

En fait, deux cas de figure se présentent successivement. Ou bien on adoucit l'intransigeance monarchique et le despotisme religieux, ou bien on émet des lois, on fait des réformes, etc.

Dans le premier cas, ils nagent dans le sens du courant, mais les « futurs émigrés francs-maçons », ceux qui émigrent dès 1789-1790 et qui reviendront en 1814-1815, n'auront toujours rien compris ni rien appris.

Dans le deuxième cas, ils vont trop loin ou pas assez loin. Car si l'abolition des privilèges ne prit sûrement pas par surprise la noblesse en 1789, **pourquoi ne pas l'avoir prononcé plus tôt** ?

Si la Déclaration des droits de l'homme a été votée majoritairement par des nobles, **pourquoi ne pas l'avoir décidée plus tôt ?**

On ne tourne pas en rond. Il ne s'agit tout simplement pas des mêmes nobles. Le bât blesse précisément sur cette fracture de la haute noblesse qui sera rejointe par les dissidents du groupe des jeunes nobles revenus d'Amérique.

Il fallait réformer l'État. Tous les ministres concernés, Turgot, Maurepas, Vergennes, en ont fait l'expérience. Cela ne marcha pas, car ou bien ils furent renvoyés pour avoir déplu à Marie Antoinette – c'est le cas de Turgot et Necker – ou bien ils allèrent trop loin, car le temps pressait. Malheureusement personne ne comprit les réformes – à commencer par le Roi – et non seulement il n'était plus temps, mais il était trop tard.

Nous pensons avec conviction que les francs-maçons présents dans l'entourage immédiat du Roi – ministres ou valets de chambre – ont certainement, mais vainement, essayé de le sortir de sa torpeur politique.

Les choses étaient criantes de vérité si on allait seulement à Paris prendre une tasse de chocolat dans un des cafés du Palais-Royal. En revanche, dans l'entourage immédiat de la Reine, il ne devait pas s'agir des mêmes francs-maçons. Pour eux, pour elle, la franc-maçonnerie était seulement « à la mode » à base de colifichet ou autre décor, mais sans danger aucun, comme sans soutien possible.

D'autre part, ceux qui gravitaient autour des frères du Roi étaient, eux, parfaitement informés de la situation. C'est bien pourquoi ils les encouragèrent à partir, bien avant l'affaire du collier de la Reine.

En dépit de l'interdiction royale, la maçonnerie française de l'époque voit de plus en plus de nobles la diriger. Quarante-huit grands seigneurs sont vénérables de loges dont – et le fait est très significatif – quarante-trois en province. Ce serait de ce fait une erreur que de croire que la « prise de la Bastille » a été uniquement une affaire parisienne.

Aux côtés du duc d'Orléans, apparaissent les Rochefoucauld, les Noailles, les Polignac, les Montmorency, les Ségur, les Bouillon, et on peut écrire sans crainte de trop se tromper, que le nombre de membres de la haute noblesse ne faisant pas partie de ces loges est plus ou moins insignifiant.

Le progrès c'est déjà l'espoir.

Donc la maçonnerie faisait vœu de prosélytisme et de militantisme. Elle se veut agissante, contrairement aux idées reçues et à la définition des premières loges qui ne s'intéressant qu'à des travaux de pure spéculation.

Franklin fut de plus, à sa manière, un écologiste qui n'aurait pas déplu à ceux de notre temps. En un sens, il succéda, toutes choses étant égales par ailleurs, à Rousseau, persécuté, lui, plus à coup d'épingle que d'épée. Pourtant, Franklin fut plus proche de Voltaire que de Rousseau, d'autant qu'au décès du premier, la loge des « Neufs Sœurs » lui offrit un service funèbre.

Ce fut cependant un beau tollé qui permit à Condorcet, maçon assez de gauche, de n'y point figurer par prudence. Le Gouvernement intervint pour faire interdire les tenues de loges des « Neuf Sœurs », mais le décret fut vite rapporté sous l'insistance de Lalande.

Nous évoquons dans un autre chapitre « le suicide maçonnique de la haute noblesse ». Rien n'est plus vrai au son de ces événements où la noblesse « trahit » son rang. Jusque dans la propre famille du Roi paraissaient des francs-maçons, à savoir :

- le prince de Condé-Bourbon, de la loge Saint-Jean-de Montmorency ;
- et sa femme, mère du duc d'Enghien fusillée par Napoléon, grande maîtresse des loges d'Adoption.

Il nous faut dire un mot du Parlement qui, déjà sous Louis XV, avait redressé la tête, se permettant à la fois de juger le Roi, tout en s'instaurant un relais entre le Gouvernement royal et le peuple.

Cependant, les charges du Parlement ont été achetées ou ont été transmises héréditairement. La composition du Parlement, en 1785-1789, ne donne malheureusement pas le nombre de francs-maçons parmi les grands seigneurs et autres nobles.

Toutefois, il s'agira, le plus souvent, d'une haute noblesse imbue de ses préjugés et pour qui se montrer frondeur était une espèce de liberté.

Ils déchanteront bien vite lors de la convocation des États généraux dont ils ne feront pas partie. D'autres nobles seront, cette fois-ci, élus, même par une petite assemblée.

Là, on peut véritablement parler de « suicide ».

Chapitre X

L'Affaire du *Mariage de Figaro*

L'abolition des privilèges n'est-elle pas, en définitive, la richesse de Figaro ? Et qu'il s'agisse de la législation sur le commerce et de la réhabilitation civile des protestants – dont le rôle est plus qu'important dans cette affaire – Beaumarchais n'a-t-il pas obtenu le succès de sa pièce ?

Le *Mariage de Figaro* est une première politique. Le gouvernement autour de Louis XVI l'a bien perçu pour l'avoir fait interdire et obtenir l'emprisonnement – nous allons écrire l'embastillement de l'auteur à la prison Saint-Lazare ou habituellement on enferme les prostituées.

Las, le Roi finit par capituler. Tous voulurent alors assister au triomphe de Figaro. Ils se pressèrent dans la salle de la Comédie-Française, à commencer par la princesse de Lamballe, le comte d'Artois, Mesdames de Chalons, de Simiane, de la Châtre et tant d'autres belles dames.

La cour, qui vivait sur la galaxie d'Andromède, applaudit à tout rompre avant de fermer boutique, quelques mois plus tard.

Danton, qui ne s'y est pas trompé, écrira que Figaro avait tué la noblesse, qui pourtant est venue l'applaudir. Une phrase ou un court dialogue, parmi tant d'autres, permet d'apprécier la significative ambiguïté de la pièce :

Le comte : **Autrefois tu me disais tout.**

Figaro : **Et maintenant je ne vous cache rien.**

Il est aisé de deviner ce que Figaro veut dire à son maître, qui n'a toujours pas compris les ressorts d'une intrigue où il va s'avouer vaincu.

Beaumarchais a financé l'expédition américaine

Beaumarchais va faire les frais de la raillerie des courtisans de Versailles. Mais à un quidam lui demandant ironiquement s'il fallait l'appeler Caron ou Beaumarchais, il répondit avec ardeur :

> « Caron de Beaumarchais, et voici ma quittance de noblesse. Je l'ai achetée avant-hier. D'ailleurs, je serai heureux de voir la vôtre ! »

On se croirait au théâtre. Mais c'était bien une réplique à mettre dans la bouche de Figaro.

Le triomphe de Figaro, c'est celui de Beaumarchais, un roturier sans connaissance de sa vraie généalogie et qui, une fois anobli, n'en démordra pas, même aux moments cruciaux de la Révolution. Sa noblesse est d'un tout autre style que celle de la cour qui, pourtant, s'y est également trompé.

En 1784, alors que la pièce est sur son bureau depuis deux ans attendant l'autorisation d'être jouée, Beaumarchais n'a certes pas l'intention de détruire la monarchie, mais de lui substituer graduellement une monarchie à l'anglaise. Tout comme Choiseul, il pensait qu'il était temps d'abolir les privilèges.

Pourtant, Louis XVI lui doit beaucoup de choses. À commencer par le financement de la campagne américaine et, chose fort méconnue, le départ des Anglais de Dunkerque.

Même si l'ingratitude est le fait du Prince, la popularité de Beaumarchais est telle que même le garde des sceaux, qui a fait interdire la pièce, est contraint de revenir sur sa décision première.

Si Beaumarchais est assurément Figaro, le comte Almaviva représente ce qu'il déteste au plus haut point, à commencer par le droit de cuissage, et pourtant Figaro a bien servi le Roi lorsque sa cause était noble, et c'est l'expédition américaine. Mais dans la pièce, on ne touchera pas à Suzanne. C'est vraiment la fin des privilèges avec la disparition du fameux droit de cuissage. Deux années d'intrigues passionnées et passionnantes furent cependant nécessaires pour jouer la pièce.

Beaumarchais mit dans la balance et dans sa partie toute la noblesse rêvant d'en découdre, à commencer par les « Américains » et les protestants revenus, enfin, dans la rue sans être inquiétés.

Chaque jour, écrira Madame de Campan, la « secrétaire » de Marie-Antoinette, on entendait dire à Versailles : « J'assisterai à la lecture de la pièce. »

La maréchale de Richelieu fut pour beaucoup dans les préparatifs de ce triomphe.

Il est un fait extraordinaire de cette époque, c'est l'intérêt qui fait d'un événement un exploit. Ainsi de Cagliostro, qui, revenant de la bastille, trouva une centaine de badauds devant sa grille, à peine connue sa libération.

Ainsi de Beaumarchais qui, le soir de la première, pourtant interdite la veille, trouva, dès dix heures du matin, selon les historiens, cinq mille personnes se pressant devant la Comédie-Française pour obtenir des places.

Beaumarchais est un homme d'état aux visions prometteuses, témoin son engagement en Amérique. C'est également un citoyen, car c'est ainsi qu'il signera des billets après la prise de la Bastille, mais c'est surtout, et avant tout, un révolutionnaire. Pourquoi ?

Mais parce que, se mettant directement en scène sous les traits de Figaro, **il décide qu'il ne peut pas être lui-même** sans renverser l'ordre établi et en bouleversant son époque.

Deux scènes identiques pour le même bosquet

Et le public de l'époque ne s'est y pas trompé. *Le Mariage de Figaro* a beaucoup fait pour la prise de décisions annonciatrices de la Révolution française. Et nous ne sommes qu'en 1784, cinq ans avant la Bastille.

Il s'agit vraisemblablement d'une coïncidence, mais elle est cependant révélatrice. Tout le monde connaît l'épisode fameux de l'affaire du collier de la Reine se déroulant en 1785, c'est-à-dire juste une petite année après « Le Mariage », dont nous aurons longuement l'opportunité de reparler.

Que fait le cardinal de Rohan, ou que lui impose-t-on ?
D'aller dans un jardin à Versailles, près du Trianon, près d'un bosquet, d'y attendre la Reine, qui viendra le voir, une rose à la main, et à qui il remettra le fameux collier.

Rohan est abordé par une femme ayant l'allure de la Reine – qu'il connaît pourtant bien – et qui ne reste qu'un instant. Pourquoi s'attarder ? Rohan est pris au piège, la comtesse de la Motte va s'enfuir avec en main un collier d'une valeur de 1 600 000 livres !

Or, que se passe-t-il dans la scène finale du « Mariage » ? Un faux billet avec un faux rendez-vous, où tout le monde se rend, croyant tromper l'autre et se faisant tromper lui-même. Le Comte emmène sa femme, qu'il prend pour Suzanne, dans un coin retiré du jardin. Suzanne se venge ainsi de son Figaro de mari qui aura douté d'elle. Et tout rentrera dans l'ordre, sauf que Almaviva aura capitulé et Figaro assuré son rang et sa dignité.

Exactement la même scène.
Beaumarchais a-t-il écrit la pièce de Cagliostro ?

De sa fenêtre du faubourg Saint-Antoine, Beaumarchais assistera à la prise de la Bastille. Il a dû en être fort satisfait. D'autant qu'un écrit de sa main atteste de sa noblesse récente, puisqu'il signera « Caron de Beaumarchais, soldat citoyen de la Garde nationale de Paris ».

Beaumarchais aura donc joué un double rôle : auteur et agent secret pour le compte, lui aussi, du fameux « Secret du Roi ». Il aime peut-être plus cette seconde activité que la première, peut-être aussi par ambition sociale.

Comment ? Cet homme de théâtre aime les « affaires » pour le plaisir qu'elles donnaient de jouer une intrigue sur une scène dérobée dont le public – paradoxalement – se réduisait à quelques initiés, mais de grand talent. Très loin donc du Stade de France.

Le rideau va tomber, dès 1792, sur l'auteur politique. Paris, qui ne lui a pas ménagé sa faveur en cette époque à masques, fut prompte à tourner sa veste. Il devint suspect, ce qui est fort logique à cette époque.

Dumouriez, qui lui est favorable, le protégea un certain temps, mais il est cependant arrêté. Nous sommes en septembre, l'ère des grands massacres approche à grands pas. Beaumarchais, libéré, prend la fuite pour l'Angleterre, comme c'est désormais l'habitude, puis il passera en Prusse.

Radié de la liste des émigrés, il reviendra à Paris en 1794 où il mourra en 1799. Bonaparte aurait dit de lui qu'il l'aurait certainement fait embastiller au début pour le libérer ensuite, compte tenu des services rendus à la Révolution.

Était-il franc-maçon ?
Il ne figure pas dans les registres du Grand Orient de l'époque et son affiliation à une loge n'est pas avérée, bien qu'il y ait eu des loges non reconnues par le Grand Orient.

L'a-t-il été aux États-Unis lors d'un voyage, ou par l'intermédiaire des nobles qu'il a rencontrés du fait de son interventionnisme ardent dans les affaires américaines ?

Nous pencherons pour son appartenance à la franc-maçonnerie de l'époque pour plusieurs raisons qui sautent aux yeux, même des moins avertis. Son engagement pour la cause américaine, influencé qu'il fut pour avoir fréquenté Benjamin Franklin.

C'est lui qui emporta la manche en convainquant le Roi de faire cause commune avec les « insurgents ». Il fut un ami de La Fayette, et il devint premier fournisseur d'armes. S'il s'est engagé ainsi aussi directement dans les affaires américaines, c'est parce qu'il jugeait leur cause valable.

Enfin, indépendamment du marivaudage et des masques, *Le Mariage de Figaro* est surtout un pamphlet politique d'une rare violence et une formidable prise de position.

Beaumarchais est, sans aucun doute, un combattant exemplaire d'une guerre sociale.

Révolutionnaire, il le fut assurément, mais aussi parce qu'au contact d'autres « frères » américains probablement, et anglais assurément, il devint alors un maçon sans tablier, c'est-à-dire, d'une certaine manière, plus franc-maçon que ceux signant le registre d'entrée lors d'une tenue.

Curieusement, une des statues du 4e arrondissement de Paris représente Beaumarchais effectuant le « signe du Bon Pasteur » du 18e degré.

Chapitre XI

L'ACTIVITÉ DES PRINCIPALES LOGES

La loge « des Neuf Sœurs »

Elle fut incontestablement l'un des pivots et l'un des piliers de la participation prépondérante des francs-maçons dans la Révolution française. Créée initialement en 1776 par Jérôme de Lalande – ayant eu une influence des plus importantes au sein de l'Académie des sciences – elle devint, à partir de 1781, le centre des idées « insurrectionnelles » sous la direction d'un de ses premiers vénérables, le comte de Milly.

En 1778, Voltaire en devient membre, ainsi que les américains Benjamin Franklin et Paul Jones. Benjamin Franklin en fut le vénérable maître en 1779. Au sein de cette loge, on débattit, comme la présence des « insurgents » en témoigne, de la politique d'hostilité à l'égard de tout autoritarisme.

Il n'est donc pas étonnant qu'elle comptât parmi ses membres, pratiquement tous les leaders de l'opposition franc-maçonnique.

Marmontel, Pascal de Paoli, Camille Desmoulins, Cabanis, de Lacépède, Garat, Sieyès, le Chevalier de Saint-George, Montgolfier, Guillotin, de Lalande, Bricaire de la Dixmerie, Danton en firent inévitablement partie. Sans oublier d'autres, moins connus, comme Valeyre de Barette, Grouvelle, Garnier…

Mais une étude plus détaillée rend encore l'appartenance d'hommes influents à la loge des « Neuf Sœurs » plus pertinente quant à leur action dans la Révolution.

On le constatait : tout un monde politique, scientifique, artistique se côtoie donc, ce qui fera de la loge « des Neuf Sœurs » – c'est-à-dire inspirée par les neuf muses, fille de Mnémosyne – la loge la plus bruyante comme la plus brillante. Bien évidemment, tous rêvaient d'en faire partie.

Ainsi, des auteurs ou autres littérateurs, Lemierre, Chamfort, Parny, Neufchâteau ; les peintres Vernet, Greuze ; le sculpteur Houdon ; les musiciens Piccinni et Dalayrac ; les frères Montgolfier – dont les montgolfières firent merveille lors des batailles de la Révolution.

La presse parisienne s'enorgueillit encore d'avoir compté parmi ses membres, les plus prestigieux, deux des fondateurs du *Journal de Paris* – qui fut le premier quotidien en langue française – Louis d'Ussieux et Cadet de Vaux.

Il ne faut pas la confondre avec le Cercle d'Auteuil, nom d'un salon tenu par Catherine d'Autricourt, salon qui reçoit tous les penseurs du siècle des Lumières, à savoir d'Alembert, Diderot, Mirabeau, Condorcet, Turgot.

On voit, par la représentation et de la loge et de ce cercle, que les interactions étaient beaucoup plus fréquentes qu'on ne le pensait à leurs débuts.

La Loge « des Neuf Sœurs » perdit cette influence au moment de la Terreur, ainsi que ce salon, car la plupart de leurs membres furent emprisonnés, certains libérés par la suite, et d'autres guillotinés.

Loges « des Trois Frères »

Il convient de clarifier une fois pour toute l'existence de cette loge présentée souvent par certains historiens comme étant une loge « royale », fréquentée tout simplement par Louis XVI et ses deux frères avec, en prime, le duc d'Orléans.

Jamais, bien entendu, cette loge n'a eu d'existence dans le cadre de Versailles et les propres membres de la monarchie n'ont pu compter encore moins parmi les « frères ». En revanche, il a existé une loge militaire « des Trois Frères », c'est-à-dire à l'intérieur d'un régiment, étranger d'ailleurs, situé à l'Orient de Versailles.

Une anecdote curieuse paraît justifier l'affirmation de ces auteurs. Au prétexte que, le 17 juillet 1789, le Roi est contraint de se rendre à l'Hôtel de Ville, il aurait été accueilli, en montant les marches de l'escalier, avec les « honneurs maçonniques » par la Garde nationale formant une « voûte d'acier » avec ses baïonnettes.

Indépendamment du fait que l'anecdote n'est absolument pas confirmée dans les honnêtes manuels d'histoire, on voit mal la Garde nationale, formée de sans-culottes, se prêter à un rituel maçonnique et, qui plus est, accueillir le Roi, selon ce rituel.

En revanche, Louis Amiable, auteur maçonnique connu, continuera d'affirmer dans ses écrits qu'« il en était ».

Un chroniqueur aurait également écrit – cité par ces mêmes auteurs[1] – que, vers le 1er juillet 1777, le comte d'Artois aurait été reçu franc-maçon par le duc de Chartres, la tenue ayant eu lieu dans l'ancien noviciat des Jésuites à Paris.

Malheureusement, le comte d'Artois, partisan de l'absolutisme royal – ce qui fit son malheur à peine revenu en 1815 en France – était, à l'époque, un coureur de jupons invétéré, un joyeux drille, criblé de dettes, avec des maîtresses, un train de vie extravagant ; ce qui est quand même fort loin d'une franc-maçonnerie, même accommodante.

La loge « La Candeur »

Elle a été établie par le Grand Orient en 1775 et fonctionnera avec une loge d'adoption féminine. Celle-ci fut l'une des loges les plus influentes, et son activité au sein de la Révolution française est à noter particulièrement. Y furent initiées :

– la duchesse de Bourbon, installée grande maîtresse des loges d'adoption ;

1. Lescure, *Correspondance secrète inédite sur Louis XVI*, Plon 1866, p. 74.

- et la princesse de Lamballe, installée grande maîtresse des Loges Écossaises féminine régulières[1] ;
- ainsi que Charlotte de Marsan et la comtesse de Choiseul.

Pour mémoire, deux « sœurs » ont joué un rôle sous l'empire, à savoir :

- Joséphine de Beauharnais qui, devenue impératrice en 1804, s'employa à ranimer la maçonnerie d'adoption, dont elle devint la grande maîtresse ;
- et Caroline Murat – sœur de Napoléon – installée grande maîtresse des loges d'adoption du Royaume des deux Sicile.

La loge « Le Contrat social »

Elle a été installée par la Grande Loge de France en 1766 sous le nom de « Saint-Lazare », pour prendre, à partir de 1775, la dénomination de « Contrat social ». Travaillant sur les hauts grades, elle devint la mère-loge écossaise de France. Trente ateliers se réclamèrent d'elle.

En furent aussi : La Fayette, Duport, Pardailhan, Floquet, de Grasse-Tilly[2].

1. Écossaises, ici, signifie travaillant sur les hauts grades.
2. Parti en 1789 à Saint-Domingue, il fonda à Charleston (E.U.) la loge « La Candeur ». Il rentra en France où il fonda, en 1804, le « Suprême Conseil » pour le 33e degré du Rite Écossais Ancien et Rectifié.

Chapitre XII

L'Affaire du collier de la Reine I

Arrêtez Monsieur le Cardinal

Voilà un excellent titre pour une pièce de théâtre, car le cardinal de Rohan est effectivement arrêté par un capitaine des gardes après avoir dit la messe dans la chapelle royale du château de Versailles, sur ordre personnel de Louis XVI.

Avant d'analyser les tenants et aboutissants de cette superbe machination, qui constitua, à n'en pas douter, un des points névralgiques des débuts de la Révolution française, lisons attentivement et le déroulement de la pièce, en quatre actes, et les prises de rôles successifs.

Acte I

En 1784, celle qui se fait appeler « comtesse de la Motte-Valois » est à Paris, plus ou moins mariée, et devient, par la grâce de Cagliostro, la maîtresse du Cardinal, du moins une de ses maîtresses. Elle a un amant de cœur en la personne de Rétaux de Villette, qui lui a été présenté également par Cagliostro, car ils sont tous deux « frères » de la même loge maçonnique « La Sagesse triomphante ».

Ses besoins d'argent sont importants, moins que ceux du Cardinal, cependant.

Cagliostro est plus ou moins introduit à la cour, car depuis Saint-Germain, les « illuminés » sont recherchés dans les salons. Il fréquente notamment le duc de Breteuil, un personnage fort influent qui ne peut pas voir la Reine en peinture.

Acte II

Les faits se compliquent. On se croirait dans du Feydeau. Énumérons-les lapidairement pour les scruter.

1. Cagliostro convainc le Cardinal que la Reine ne lui est pas vraiment hostile et qu'elle pourrait modifier son attitude si le Cardinal acceptait de lui venir en aide. Marie-Antoinette, en effet, a d'énormes besoins d'argent et la caissette du Roi ne lui suffit pas[1].
2. Selon la princesse de Polignac, elle aurait jeté un œil sur un admirable bijou façonné par les bijoutiers Böhmer et Bassange. Mais il est hors de sa bourse. Si le Cardinal se prêtait au jeu d'acheter pour son compte ce collier, il lui serait payé en plusieurs échéances et son amitié fort volatile pour lui se solidifierait. Voilà ce que Cagliostro vendit au Cardinal.

Comment s'effectueront les opérations ?
De Rohan précisera à Böhmer qu'il achète pour le compte d'une autre personne et qu'il paiera en plusieurs mensualités.

De Rohan remettra à la Reine, dans un bosquet du Trianon, le fameux collier. La Reine tiendra une rose à la main.

Pour compléter le tout et affirmer la résolution du Cardinal, celui-ci reçoit une missive de la Reine, qui a signé très simplement « Marie-Antoinette de France », ce qui ne le surprend même pas.

1. Lors de son séjour à Vienne, en tant qu'ambassadeur, Rohan avait « indisposé » l'impératrice Marie-Thérèse par son comportement licencieux et dont Marie-Antoinette eut à souffrir. Mais aucun des historiens n'a pu, jusqu'à ce jour, en administrer la preuve, ce qui fait que l'assertion doit être suspectée pour lui en substituer une autre, plus complexe.

Cagliostro a recruté, par l'intermédiaire de Rétaux de Villette, une jolie prostituée du Palais-Royal, dont la ressemblance est plus ou moins flagrante avec l'allure et le visage de la Reine.

C'est elle qui recevra dans le petit bosquet le bijou dans une caissette, et le remettra à Rétaux de Villette ; elle sera payée pour cette très simple opération et n'en saura pas davantage.

Or, tout se passa comme précédemment décrit.

Acte III

Cependant, inquiets du non-paiement par la Reine, car ils ont fini quand même par tout savoir, les bijoutiers se rendent à Versailles, où, la première fois, ils ne sont même pas reçus par Marie-Antoinette ; et à la seconde, ils demandent à être reçus directement par un conseiller du roi ou le Roi lui-même.

Inquiets, car la Reine, pourtant frivole, ne porte **jamais** le collier pendant toute une longue saison de fêtes.

Inquiet aussi, le Cardinal, qui a avancé l'argent s'en plaint à la comtesse de la Motte. Celle-ci, pour le faire patienter et surtout lanterner, lui verse 30 000 livres, qui lui ont été donnés par Cagliostro.

La vérité éclate. Jamais la Reine n'a reçu le fameux collier. Böhmer raconte tout. Le Roi est au courant et tout va alors très vite.

Arrêtez Monsieur le Cardinal.

Le 25 août, Rohan est embastillé et, avec lui, Cagliostro, qui curieusement ne s'est pas enfui ; quelques heures plus tard c'est au tour de la comtesse de la Motte, qui « ne se doutait de rien » et est toujours à Paris. Rétaux de Villette a pris la fuite cependant.

Acte IV

Instruction du Cardinal et des autres prévenus.
Qui va le juger ?
Surement pas une cour de justice ordinaire, mais une cour de justice extraordinaire.

Marie-Antoinette veut la vérité et la peau du Cardinal, qui vient de la bafouer publiquement ; toutes les gazettes du royaume ne parlaient plus que de l'affaire du collier de la Reine.

Des conseillers – bien mal intentionnés – suggèrent au Roi de le faire juger par le Parlement, composé pour partie de nobles, mais surtout par certains roturiers ayant acheté leurs charges. Ils accableront le Cardinal, qui sera condamné, et l'honneur de la Reine sera sauf.

Las, le Parlement, en sa majorité, décide d'acquitter Rohan et Cagliostro, tout en les exilant cependant.

La Reine est effondrée. De Rohan acquitté, c'est elle désormais la coupable. La vraie coupable qui a tout machiné, qui a voulu perdre un prince de sang, qui n'a pas su comment s'en tirer, qui doit de l'argent à tout le monde.

Les gazettes, pour surenchérir, ajoutent qu'avec l'argent du collier (1 600 000 livres), somme fabuleuse pour l'époque, on aurait pu se payer une nouvelle marine de guerre.

Épilogue

- De Rohan est exilé dans le Massif Central, dont il reviendra vite.
- Cagliostro doit quitter le royaume.
- La Comtesse est condamnée aux galères, à la réclusion à perpétuité et marquée au fer rouge.
- Rétaux de Villette est condamné par contumace.

Fin de la pièce

« Il manque quelque chose », titrent le lendemain les gazettes.
« Quoi ? » hurle la foule.

Mais les bijoux du collier, tout simplement.
Car le collier a quand même disparu. Böhmer n'a jamais été payé. Il le sera, dit-on, en partie sur la cassette personnelle du Roi.

Deuxième épilogue, donc

La Comtesse « s'évade » de la Salpêtrière. On l'a beaucoup aidée. Elle passe en Angleterre retrouver Rétaux de Villette et ils commencent à marchander le collier qu'ils ont dépecé. La police en est informée, même celle de Versailles. La Comtesse va être arrêtée, elle saute par la fenêtre, se casse à peu près tout, et meurt le lendemain.

« Oui, mais les bijoux ? » redemandent les gazettes.

Et Cagliostro, au fait ?
Lui, il croupit dans une des prisons de l'Inquisition en Italie, où il aura eu le malheur de se rendre, et un beau matin, on le découvre ou pendu ou étranglé ou empoisonné.

Fin de Cagliostro et paix à son âme.

Et les bijoux ?
C'est ennuyeux à la fin de poser toujours les mêmes questions. On en retirera des morceaux, car ils auraient été fort maladroitement extirpés de l'ossature les portant. Böhmer, en commerçant avisé, aidé par des joailliers d'Anvers et de Londres, en récupérera une partie. Et on n'en parlera plus. Il est, peut-être, rentré dans ses frais.

« C'est faux, hurle la foule, agitée par les gazettes.
La comtesse de la Motte n'est pas morte, elle vit toujours, mais sous un faux nom, à Paris. Pardi ! Elle a les bijoux et a beaucoup d'amants. »

C'est ainsi qu'on peut effectivement réécrire l'affaire du collier.

Le collier ne servit, en fait, qu'à mieux étrangler la monarchie.

Mais nous allons retrouver bientôt les protagonistes de cette ténébreuse affaire du collier.

Chapitre XIII

La princesse de Lamballe et les « sœurs » dans la Révolution française

Certains historiens, plutôt misogynes, dénient aux femmes le fait d'être devenues maçonnes au XVIIIe siècle, car, affirment-ils, la Grande Loge féminine de France n'existe que depuis peu. Et ils referment leurs livres.

C'est faire rapidement justice des loges d'adoption qui ont admis les femmes parmi celles de la grande noblesse, à l'exclusion des femmes venues du Tiers-État.

Bien qu'elles soient exclues, à l'origine de la franc-maçonnerie, de toute possibilité d'appartenance à une loge quelconque – et ce contrairement à l'idéal d'égalité – les femmes s'y intéressent et **adoptent** les pratiques maçonniques. D'où le nom de leurs ateliers, nommés « **loge d'adoption** ».

Il faut bien voir qu'en 1750 la maçonnerie féminine est essentiellement réservée à la haute noblesse où à la haute bourgeoisie. Les premiers documents concernant notre pays datent de 1747 pour Brioude et de 1744 pour Bordeaux.

Ce serait cependant un contresens que de considérer l'appartenance des femmes érudites à la maçonnerie comme simplement un « colifichet » de plus.

Il ne faut certes pas oublier la condition féminine au XVIIIe siècle, qui a fait l'objet récemment de sérieuses études mettant en valeur leur manque de droits civiques ou autres. Ce fut donc le mérite de certaines de ces nobles dames que de parvenir à faire triompher, contre vents et marées, la reconnaissance de leurs droits.

Nous allons évoquer certaines d'entres elles, qui s'illustrèrent en écrivant des projets relatifs à l'émancipation de la femme, à commencer par la fameuse Déclaration des droits de la femme et de la citoyenne, que l'on doit à Olympe de Gouges.

De plus, les femmes, participant – mais oui – au Tiers-État, se manifestaient en élaborant, dès 1789, dans les Cahiers de doléances, des revendications sur la gratuité de l'enseignement **pour les filles**, et pas seulement pour les garçons.

Certaines allèrent plus loin en exigeant de nouveaux « privilèges » ou de nouveaux droits, comme celui de refuser aux hommes des emplois qui leur seraient réservés, par exemple : couturières, brodeuses, chapelières, etc.

En règle générale, pour éviter tout malentendu, les loges féminines d'adoption sont plus ou moins reliées à des loges masculines du même nom, ainsi de « La Candeur ». Mais sans beaucoup d'obéissance, cependant.

Que veut dire exactement loge d'adoption ? Par là, on entend des femmes admises à participer à certains travaux de loges masculines, mais sous forme d'ateliers s'établissant à côté des autres ateliers. Donc point de mixité.

Toutefois, l'affaire prit une autre tournure à partir de 1774-1775, où le Grand Orient, devenant un organisme fédérateur, admit ces loges d'adoption. De ce fait, leur existence devint à la fois légale et se concrétise par un statut et un rituel avec décors.

Par rapport à la maçonnerie anglaise, la maçonnerie française constitua, à n'en pas douter, une bien étrange exception. Il convient donc immédiatement de rejeter catégoriquement, et une fois pour toute, les qualificatifs de maçonnerie androgyne, mixte, voire même – avec un curieux jeu de mots – amazonienne.

Mais comment l'idée vint-elle donc aux femmes ?

Le corps expéditionnaire français aux Amériques représenta – par les rotations annuelles – près de 10 000 militaires, dont les officiers étaient de jeunes nobles épris d'aventure, puisque la gloire ne se trouvait plus sur les champs de batailles d'Europe.

Benjamin Franklin fut, sans qu'il s'en doutât, l'artisan étranger de cette franc-maçonnerie féminine. Il devint, comme on le sait, fort rapidement vénérable maître de la loge « des Neufs Sœurs », l'une des plus en vue dans le Royaume de France.

Il parvint à faire payer, par Vergennes, un journal consacré à sa lutte pour l'indépendance. Il rallia donc à lui et à sa cause bon nombre de francs-maçons, parmi lesquels des jeunes nobles, à l'instar de Rochambeau, Beauharnais, de Broglie etc., sans oublier l'incontournable La Fayette. Donc des hommes déjà francs-maçons et d'autres encore profanes qui le devinrent en fréquentant les loges américaines une fois arrivés à Charleston.

La guerre d'Indépendance gagnée, ces francs-maçons, anciens et nouveaux, revinrent en France la tête chargée de rêves et d'idéaux de raison, de progrès et de liberté. Mais plus encore au contact d'une autre jeunesse, ils partagèrent les mêmes élans de fraternité, donc d'égalité. En revenant en France, ils participèrent à l'essor de leurs loges d'origines, tout en contribuant à en installer d'autres.

Le lien avec les « sœurs » ?

Elles furent enthousiasmées par les récits de leurs amis, frères ou amants qui, bien sûr, en rajoutaient. Mais la curiosité aidant, et la maçonnerie étant dans l'air du temps et fort à la mode, elles accompagnèrent plus souvent leurs compagnons.

Le fin du fin constitua à écouter les travaux derrière un lourd rideau de velours ou derrière une mince charpente de bois, jusqu'au jour où le Grand Orient les admit à participer plus ou moins côte à côte des frères, d'où les qualificatifs des loges « d'adoption ». Mais sans pour autant les reconnaître.

Pourquoi le Grand Orient et pourquoi cette sollicitude ?
Une seule et même raison sous deux faits marquants.

D'abord, leur grand maître n'est autre que Philippe duc d'Orléans, qui devint, malheureusement, Philippe Égalité.

Ensuite, il « contamine » sa famille d'Orléans et sa famille d'adoption, c'est-à-dire sa cousine et sa belle-sœur de la famille de Penthièvre. La première est Louise Marie Bathilde d'Orléans, la seconde n'est autre que Marie-Thérèse de Savoie-Carignan, devenue, par son mariage, princesse de Lamballe.

La première, mère du Duc d'Enghien, devint grande maîtresse des loges d'adoption, tandis que la princesse de Lamballe fut grande maîtresse des loges d'adoption écossaises, c'est-à-dire travaillant sur les hauts grades.

Les rejoignirent bientôt, au sein des loges d'adoption – respectivement « La Candeur », « le Contrat social » et « les Neuf Sœurs » – un grand nombre de femmes de la haute noblesse de cour et de robe. Par ce dernier terme se trouve affichée le caractère résolument frondeur de certaines loges, notamment à Bordeaux, où le Parlement était tout-puissant.

Trois de ces loges retiendront notre attention :

la loge « des Neuf Sœurs », qui, comme son nom ne l'indique pas vraiment, fut à la fois une loge masculine fort brillante, tandis que la loge d'adoption « Les Neuf Sœurs » vit les esprits les plus brillants parmi la haute noblesse en faire partie, plus ou moins inspirée par les idées révolutionnaires importées des nouveaux États d'Amérique ;

– la loge « La Candeur », où s'illustre la princesse de Lamballe ;
– la loge « Le Contrat social », présidée par la duchesse de Chartres.

S'appuyant sur le fait que rien, dans les Constitutions d'Anderson ni dans les discours du chevalier de Ramsay n'interdisaient aux dames de la haute noblesse de rejoindre leur époux ou leur amant, à l'issue des tenues, pour pratiquer à leur époque, l'habitude se prit de les nommer « sœurs ».

Selon les historiens, on comptait, en France, des loges d'adoption dans les villes maritimes et de garnison ou celles détenant une importante noblesse de robe, comme Aix-en-Provence. C'est ainsi que l'on trouve des loges à Rochefort, Toul, Bordeaux.

De la même manière, selon la Grande Loge féminine de France, les loges d'adoption, plus ou moins calquées sur le modèle français, existèrent en Allemagne, à Hambourg – « le Bonheur suprême » et « Concordia ».

Toutes les loges disparurent dans la tourmente révolutionnaire et avec le renouveau du Grand Orient après le Consulat et l'Empire, les loges d'adoption ne furent plus reconnues.

Ainsi, nous notons, sans ordre de préférence, Olympe de Gouges, Madame de Genlis – la maîtresse du duc d'Orléans et l'ennemie jurée de la princesse de Lamballe –, la princesse Yolande de Polignac, Julie Candeille, la comtesse de Beauharnais.

D'autres nobles dames s'illustrèrent à des titres différents témoin : Madame Tallien, Lorenza Feliciani – la compagne de Cagliostro.

Enfin, certaines femmes, sans appartenir à des loges d'adoption, jouèrent un rôle non négligeable dans la Révolution française, ce qui permet de les citer, à commercer par Madame Roland et la fameuse Théroigne de Méricourt.

Dans un ouvrage à paraître ultérieurement, il sera évoqué la princesse de Lamballe et d'autres sœurs, pour leur rôle dans les actions révolutionnaires ou contrerévolutionnaires. Leur destinée, bien contraire aux idéaux de leur jeunesse, devait trouver une fin tragique et atroce entre 1791 et 1793.

La « maçonnerie féminine » en 1789

Alors, combien de loges féminines d'adoption en 1789 ?

Très peu si on se contente de ne compter que celles affiliées au Grand Orient. Beaucoup plus si on incorpore – ce que l'on doit impérativement faire – les salons littéraires où demeurent les égéries des grands hommes du temps, ainsi de celui d'Helvétius.

La tenue « salonnière » fit alors son apparition s'agissant de Mesdames de Granville, de Graffigny et, bien sûr, de la plus importante, de Madame Anne de Ligniville d'Autricourt, épouse d'Helvétius précisément.

Si on parle de cette « salonnière » c'est que, outre l'incontestable prestige de son mari, philosophe et physiocrate, apôtre de la nature, ennemi de Dieu, elle perpétuera, après le décès de celui-ci, ces rendez-vous où se réunirent ceux qui allaient devenir membres de la fameuse loge des « Neuf Sœurs » dont il est question dans un autre chapitre.

Que l'on en juge par ceux qui, sous couvert de prendre un chocolat, s'y pressèrent : Fontenelle, Diderot, André Chénier, Buffon. Ce salon se transforme en cercle d'Auteuil, parce qu'il se tient rue d'Auteuil. Il perdurera jusqu'au début de la Révolution et sombra ensuite, bien avant Thermidor et la Terreur.

Chapitre XIV

L'AFFAIRE DU COLLIER DE LA REINE II

Cagliostro

Cagliostro est connu de tous les français à travers le fantastique roman *L'Affaire du collier de la Reine* d'Alexandre Dumas, et popularisé sous les trait de Jean Marais. Peu de biographies, cependant, ont été écrites sur ce personnage – certes, moins énigmatique que le comte de Saint-Germain, mais qui défraya tout autant les chroniques dans les premières années du règne de Louis XVI.

Son séjour en France commence en 1780, à Strasbourg après d'innombrables étapes un peu partout en Europe. Tout comme Saint-Germain ou Casanova ou le chevalier d'Éon. Même époque, même style.

Alors un aventurier de plus, un escroc supplémentaire, un devin mystifiant son cénacle d'illuminés, un thaumaturge soignant par l'hypnose ou… Ou quoi exactement ?

Il hésita cependant à s'avancer jusqu'à Paris où un Autrichien fort à la mode, mais qui avait fui, lui aussi, les foudres princières, officiait, c'est-à-dire Mesmer, l'inventeur du fameux baquet pour soigner ses patients à l'aide de fluides « électriques ».

Mais Strasbourg nous est encore plus familier grâce à la mémoire, qui nous y restitue la présence du cardinal de Rohan, l'un des protagonistes et dupe majeur de l'affaire du collier.

Les Rohan ne sont pas peu fiers. Leur devise n'est-elle pas : « Roi ne puis, duc ne daigne, Rohan suis. » On ne peut rêver mieux comme orgueil de prince de sang. Ils ne sont donc pas n'importe qui, et pourtant c'est, paraît-il, le cardinal qui, le premier, franchira le Rubicon en invitant le « magicien » à venir le visiter

Pourquoi ?

Mais parce qu'averti des bienfaits de ses guérisons et de l'explication des songes qu'il donnait. Bref, il était à la mode, doté d'une fort jolie femme et affichait, surtout, un train de vie extraordinaire. Plusieurs berlines, une domesticité des plus nombreuses, des bijoux, et le tout à l'avenant.

Le mépris de Marie-Antoinette pour le cardinal de Rohan n'est pas récent. Se double-t-il d'une amertume à ne pas avoir été courtisée ou d'une haine féroce datant de Vienne quand Rohan était ambassadeur et qu'il l'aurait, au choix, ou trop pressée ou pas assez ?

En 1770, jeune cardinal, c'est à lui que revient la charge de recevoir la princesse Marie-Antoinette lors de son passage à Strasbourg.

S'est-il passé déjà quelques faits, à ce moment-là, justifiant le peu de sympathie de la future reine à son encontre ? Est-elle trop prude, elle une femme pourtant peu farouche ? Et Rohan vaut bien le comte d'Artois qu'elle a, dit-on, fort bien fréquenté.

Ou bien s'agit-il, tout au contraire, de haute politique, et là nous entrons dans un autre domaine qui pourrait nous convenir. C'est l'époque du partage – une fois de plus – de la Pologne entre ses trois voisins : Prusse, Autriche, Russie.

Dire qu'il ne reste plus rien de la Pologne est un doux euphémisme. On rapporte un écrit où quelques phrases du Cardinal à la Du Barry :

« Marie-Thérèse – la mère de Marie-Antoinette – a un mouchoir dans une main pour déplorer le sort peu enviable de la Pologne, et de l'autre une épée pour le justifier par une guerre, elle aussi préventive. »

Marie-Thérèse fait alors savoir – en dépit des liens de sang liant Rohan à Joseph II et au chancelier Kaunitz – qu'il n'était plus *persona grata* à Vienne.

Marie-Antoinette, peut soucieuse, en règle générale, de suivre les conseils fort avisés de sa mère, retiendra la leçon et n'aurait eu de cesse – toujours suivant les rumeurs – d'inquiéter son mari afin de refuser au trop brillant cardinal la moindre faveur. C'est oublier un peu vite son rang, sa fortune et sa place.

Pour justifier du machiavélique tour qui va être, quelques années plus tard, joué devant la scène politique et le Tout-Paris du Parlement, examinons les évènements.

Son rang, parlons-en.

Malgré l'opposition de Marie-Antoinette, il obtint, grâce au clan familial des Rohan, le statut de grand aumônier. Il reçoit le chapeau cardinalice. Évêque de Strasbourg, il règne sur plus de vingt-cinq mille habitants, et en tant que prince de l'empire germanique – ce que l'on oublie régulièrement dans tous les manuels –, il a autorité sur plus de deux cents localités des margraviats de Bade.

Nous poursuivons. Membre de l'Académie française, prince du Saint-Empire, évêque, in partibus de Casope, fournisseur des armées du roi, qualificatif fort vaste, dissimulant de vastes manœuvres financières, il cumule titre, fonctions et rentes. Pourtant, menant grande et joyeuse vie, ne sachant pas compter, il est toujours en dette. C'est là que le bât blesse.

Il reçoit à sa table Marmontel, d'Alembert, Buffon et, au cours de son ambassade viennoise sur la politique autrichienne à l'égard de la Pologne, il fournira au roi Louis XV de très précieuses informations. Ce n'est donc ni le premier bêta venu ni le premier aventurier courant après l'argent ni un enfant de chœur.

Alors, comment expliquer ce qui demeure encore inexplicable par bien des côtés, la fort juteuse et croustillante « affaire du collier », dont se régalent les gazettes, les cours étrangères, moins que celle de Versailles cependant, et surtout le bon peuple qui a tout de suite – allez savoir vraiment pourquoi – haï l'étrangère, devenue, en moins de trois ans, « l'Autrichienne ».

Le peuple, tout comme le Parlement, prendra parti pour le Cardinal lors du fameux procès, car le Parlement continue, à présent au grand jour, sa guerre contre la monarchie et surtout ce qu'elle représente. Mais, ce faisant, il coupe la main qui le nourrit si grassement.

Quant à Cagliostro, il a un curriculum vitae amplement aux antipodes de celui du Cardinal. Il laisse planer un flou artistique et plus que douteux sur ses origines, son nom véritable, son train de vie.

Il se conduit comme Saint-Germain, une décennie plus tard, c'est-à-dire qu'il évoque complaisamment ses rencontres avec des personnages illustres de siècles précédents, laissant entendre qu'il n'a lui-même aucun âge, parlant de lui à la troisième personne, etc., faisant de l'or…

Les maîtres-mots du siècle sont prononcés ; c'est un alchimiste, un thaumaturge qui délivre d'une sournoise maladie de nerfs et, dans son athanor, il prépare le soir ou des potions ou des pièces d'or, parce qu'il n'accepte pas de rémunération pour les soins qu'il prodigue.

Il sut donc gagner rapidement la curiosité puis l'intérêt et enfin la complicité du cardinal de Rohan, qui ne put plus se passer de lui. Cagliostro eut autour de lui une assez belle cour d'amis fortunés et malades, qui lui constituèrent une efficace barrière de protection contre d'évidentes insinuations, parmi lesquelles celle de maître-chanteur.

La rumeur le disait Rose-Croix, ce qui n'était pas sacrifier à la mode venue d'Allemagne. Mais comme des liens, subtils et forts complices s'étaient forgés entre Rose-Croix et francs-maçons, on crédita Cagliostro d'immortalité, lui aussi.

Il sut donc s'imposer assez vite dans tous ces milieux épris de surnaturel beaucoup plus que de justice ou de fraternité. S'il y eut au départ fourberie certaine de sa part, il se prit au jeu fort habilement, au point de se faire passer pour un des hauts dignitaires de la franc-maçonnerie. Ce passage est particulièrement brillant dans l'œuvre de Dumas.

Son séjour à Strasbourg est entrecoupé de nombreux voyages, Courlande, Russie, Venise… Et il nous revient « grand cophte du rite égyptien ».

Il a vraiment escaladé l'échelle de la carrière maçonnique avec une vertigineuse adresse. À Strasbourg, lieu par excellence de tenues maçonniques, où se côtoient tous ceux qui comptent vraiment, tant en Bade qu'en Alsace, le rite égyptien était à la mode. Si son affiliation réelle à la franc-maçonnerie date de 1777 à Londres, dans la loge écossaise de « l'Espérance », il en est ressorti avec des rituels lui permettant de s'affirmer grand cophte.

La fondation d'une autre loge maçonnique « Isis », par Cagliostro, lui permit d'y faire entrer le cardinal de Rohan. Vraisemblablement, là encore, la franc-maçonnerie ne devait représenter pour Cagliostro – ou marquis de Pelligrini, comme il se faisait nommer à Naples – qu'un échelon de plus à gravir dans la bonne société pour augmenter le nombre de ses gogos.

En fait, il créera, suivant d'autres sources, son propre rite égyptien, qui devait prendre un essor considérable, notamment dans les milieux lyonnais maçonniques.

Après donc de nombreux voyages, plus ou moins pour fuir les autorités et la police des différents royaumes, on voit Cagliostro revenir à Paris, mais pour s'y installer durablement. En janvier 1785, c'est aussi *La Folle journée ou le Mariage de Figaro*, interdit, autorisé etc., qui défraya la chronique par son ton libertaire.

Janvier 1785, c'est aussi d'interminables conciliabules et rendez-vous secrets entre l'inauthentique comtesse de la Motte et son protecteur le cardinal de Rohan, à qui elle fera gober le retournement saisissant de Marie-Antoinette à son encontre, une Marie-Antoinette, éperdue elle aussi, non d'amour, mais de dettes criantes. Ne peut-on vendre un collier par petit morceaux, se demande t elle ?

La comtesse de la Motte avait commencé son travail de sape en demandant au cardinal, de la part de Marie-Antoinette, une avance de 50 000 livres.

Le Cardinal ne pouvait douter, lui à qui Cagliostro avait prédit, prophétisé, plusieurs soirs de suite, qu'un grand amour le guettait, ou mieux, lui reviendrait. De quoi affoler les sens d'un homme toujours épris de Marie-Antoinette, ce que beaucoup de ses compatriotes eurent beaucoup de peine à croire.

La comtesse de la Motte – mariée mais avec beaucoup d'amants – aurait vendu ainsi au Cardinal sa descendance des Valois. De quoi éblouir un homme attaché comme lui à des prérogatives princières.

En revanche, ce qui est vrai, c'est qu'elle réussit à s'introduire, non dans l'entourage immédiat de la Reine – un cercle très fermé – mais dans un second cercle plus élargi et qu'elle fut dotée – on remarque la main de Cagliostro – d'un exact sosie de la Reine pour qu'elle puisse être habillée et coiffée comme elle.

On sent la main effectivement non seulement d'un prestidigitateur virtuose, mais d'un perspicace et audacieux metteur en scène faisant jouer toutes ses relations jusqu'aux plus benêts des protagonistes, les bijoutiers Böhmer et Bassange.

Le Cardinal, qui pourtant, par sa famille, sait ce qui se passe à Versailles dans tous les milieux, dira et écrira que Madame de la Motte y est introduite et surtout que la Reine lui veut du bien. Madame de la Motte a besoin de complices. Cagliostro lui en trouvera, dont son amant, Rétaux de la Villette.

Voilà, on a tous les personnages, Rohan, Madame de la Motte, le sosie, l'amant, les complices, les bijoutiers et Cagliostro qui tire les ficelles. Une véritable journée de dupes va s'amorcer, identique à la folle journée de Beaumarchais.

Une certaine fin de l'histoire

Le 2 mai 1787, le grand cophte célèbre, à Bâle, une importante cérémonie maçonnique. Le cardinal de Rohan obtint par sa famille un retour en grâce et regagna triomphalement Saverne. Pour comble de chance et d'ironie, la soi-disant comtesse de la Motte s'enfuit, en plein jour, de la Salpêtrière déguisée en garçon.

Le vent a tourné. Les protecteurs ont changé leur politique aussi. A-t-on encore besoin de Cagliostro ? Ne devrait-il pas, son heure de gloire étant passée, rentrer et dans le rang et dans les sous-sols de la maçonnerie anglaise ?

Car l'énigme demeure. Allié des Autrichiens ou des Anglais ? Financé par quelle obédience ?

De quelle maçonnerie se prétend-il être vraiment ? Nos convictions, malgré ses fréquents séjours en Bade- Württemberg nous inclinent à penser qu'il fut la **marionnette, très réceptive de la franc-maçonnerie anglaise**. À preuve, l'éloquent bouquet final de la rumeur publique lorsqu'il revint à Londres.

En revanche, il crut pouvoir prolonger sa scène. On lui avait cependant, depuis longtemps, retiré son rôle. On l'abandonna.

Alors un flux de calomnies d'injures et d'accusations plut sur sa tête. Il n'avait plus personne pour le protéger. Il arrive à Rome en mai l'An 1789, au moment où se déclenchent les préparatifs de la prise de La Bastille.

Incarcéré, jugé hâtivement, il mourut pratiquement dans l'anonymat car, en 1791, le monde venait d'être bouleversé.

Un peu grâce à lui, cependant.

Curieusement, à Paris même, certains de ses anciens « amis » volent encore à son secours. Lescure, le comte de Provence, lui-même, qui écrira dans sa correspondance – ce qui ne manque pas de sel :

> « S'il réussit à corriger dans notre Gouvernement l'abus odieux dont il se plaint, ce sera la plus belle cure qu'il eut jamais faite. »

La presse britannique ne peut qu'en profiter – déjà ennemie héréditaire de la France – pour enfoncer le clou. Et c'est là que nous détenons un autre point clé de l'affaire du collier.

Même si une telle affaire peut, de temps en temps, se présenter, jamais aucune ne reçut, de la part du public français et des publics étrangers, un tel accueil, favorable ou défavorable, comme l'on veut, à l'égard de la monarchie française. *Le Public Adviser* ouvrit toutes grandes ses portes à qui voudrait confondre Marie-Antoinette.

À Paris, ses amis en profitaient, témoin Vergennes, ami lui-même de Rohan et choqué par son exil à La Chaise-Dieu. On s'aperçoit vite de l'enchaînement et l'entrecroisement des réseaux « amicaux », ou tout simplement maçonniques.

De ce fait, la participation de Cagliostro dans l'affaire du collier n'est pas seulement avérée, mais plus encore, le lustre, le déploiement de fausses lumières à l'issue du procès et des bienfaisants acquittements contribueront largement à la destruction lente mais souterraine de la monarchie française.

La roue tourne évidemment. Car la royauté a pris conscience du piège infernal dans lequel elle est imbriquée. Et elle fait jouer aussi ses réseaux, pour parler comme aujourd'hui. Le vent tourne effectivement. Cagliostro devient peu à peu un génial escroc ou un piètre magicien de foire.

Mais qu'importe.
Le mal est fait.

Que Londres lui ait demandé, sur l'insistance du gouvernement français, de partir, qu'on lui ait fermé les portes à Berlin ou Vienne n'a plus aucune espèce d'importance.

Nous allons, une nouvelle fois, retrouver les principaux acteurs de cette éblouissante pièce de théâtre, un peu plus tard.

Chapitre XV

Cafés, sociétés, clubs, l'instruction et la presse

Les cafés « littéraires » ou non jouèrent un rôle des plus inventifs dans la diffusion des idées révolutionnaires. Une petite cinquantaine en 1720, près de mille deux cents, selon les rapports de police, en 1782, avec des noms ou appellations qui les feront passer à la postérité.

Le Procope, bien sûr, juste en face de la Comédie-Française, *Le Régence* et surtout le *Caveau du Palais-Royal.* On y retrouve, certes, des joueurs d'échecs, des buveurs de chocolat, mais plus encore ceux qui, d'abord devant un maigre public allant s'élargissant, « chansonnaient » les autorités.

À côté des cafés, les clubs, peut-être encore embryonnaires, ceux des Feuillants, des Cordeliers, mais qui sont fréquentés par les mêmes, qui «maçonnent» la nuit – écrivains, auteurs de pièces de théâtre, avocats, procureurs, membres du Parlement.

Ainsi, du salon des Arcades, toujours au Palais-Royal, celui des Chevaliers de Saint-Louis, le club Olympique qui, comme son nom ne l'indique pas, recevra cent dames de qualité, ravies de faire la pige aux « innocentes » de la cour, le club des Américains qui a, dit-on, beaucoup d'argent.

Curieusement, les sociétés littéraires fondées dans les années 1780-1785 adoptent, pour se différencier, le nom de « Lycées ». Qui sont les professeurs de ces étranges lycées ?

Toujours les mêmes, ceux des premiers et des seconds groupes ci-dessus décrits avec des têtes d'affiches prestigieuses : Marmontel, Garat, La Harpe, Condorcet. Rien que du beau monde, déjà connus, pour les travaux sur l'enseignement, l'éducation, sans oublier, bien sûr, Buffon. Les cours, on doit s'en douter, sont loin d'être inoffensifs.

Bref, dans ces trois cas, on fait beaucoup plus que de se réunir. **On prend résolument parti**. D'abord parce qu'on s'ennuie un peu, ensuite parce qu'on sent qu'on peut le faire sans être incarcéré à La Bastille, que l'atmosphère générale s'y prête, et que, en tout état de cause, on ne peut pas faire de mal.

C'est, d'ailleurs, ce qu'en pensent la police et la grande majorité des membres de ses curieuses et nouvelles associations, alors que les minorités et les dirigeants voient un tout autre intérêt que le seul fait d'être ensemble, à la manière des clubs anglais.

Rejoignent ces trois groupes, sans y voir nécessairement un lien de cause à effet, les « placards », qui fleurissent à Paris, d'abord sur les grandes portes des églises ou des hôtels de la noblesse jusqu'aux portes de Versailles.

Il s'agit, de plus, de placards fort injurieux sous couvert de l'anonymat. On n'y fait pas dans la dentelle pour dénoncer, pêle-mêle, les réformes absurdes, les ponctions fiscales, la disette, le train de vie exorbitant de Marie-Antoinette, le comportement du comte d'Artois… et notamment pour dénoncer l'inégal tirage au sort des conscrits et les innombrables passe-droits.

Le tout sur une très grande échelle, et c'est bien là l'inattendu de ces prémices révolutionnaires.

L'instruction

Il advient souvent, s'agissant d'un évènement politique, de n'y point distinguer les causes intellectuelles des causes politiques qui lui sont propres. Ce que nous nommons les raisons politiques s'appliquent à une situation devenue à ce point intolérable qu'elle déclenche automatiquement, quelques fois sans préavis, une décision irrépressible de changer, et cette situation et ceux qui l'ont, en principe, provoquée.

En revanche, les causes dites « intellectuelles » sont à chercher dans un désir de généralisation d'idées plus ou moins éparses et diffusées, et sans pour autant en trouver les remèdes par l'action directe. Or, rien de tel ne se produisit avec la Révolution Française.

Certes, le mécontentement était général et nous en connaissons les faits, mais l'évolution de certains types de mentalités contribua fortement à agglomérer ces mécontentements diffus, à les généraliser et surtout à les développer, même dans les couches considérées généralement comme réfractaires à ce type d'idées.

Commençons par ce qui fut un des points d'orgue de la Révolution française, passé généralement sous silence par les historiens s'attachant plus aux faits bruts, et pour ne pas dire sanglants. Seuls les intéressent les évènements qui conduisirent à l'abolition de la royauté et à la destruction même des principes de la monarchie française. Ce point d'orgue est l'**instruction**.

Certes, les physiocrates, en leur temps, avaient réclamé son élargissement jusqu'aux campagnes les plus reculées. Ils avaient même, dans la quiétude de leur cabinet de travail, conçu un enseignement **gratuit**, **obligatoire** et **laïque**.

On dispose par là de trois termes fort conventionnels, dans le sens de la Convention qui les adoptera. Turgot, lui-même, mais parce qu'il était franc-maçon, écrit que :

> « Les hommes ne peuvent devenir plus heureux qu'en devenant plus instruits. »

Cela semble couler de source. D'Holbach, Helvétius, ne défendent pas avec moins de rigueur les **droits** du peuple à être instruit. On s'achemine donc, sans plus tarder, vers la fameuse Déclaration des droits de l'homme.

La liaison entre le développement des idées et la mise en évidence – mais non encore en valeur et encore moins en action – se démontre par l'exemple suivant : à Reims, les « affiches » plus ou moins gouvernementales, mais écrites par des francs-maçons locaux, publiaient des articles « sur la nécessité d'instruire le peuple ».

Autre exemple : la société royale de Metz, cependant peuplée de gens bien-pensants et plutôt réactionnaires, tient des colloques à faire pâlir la cour, s'agissant de l'instruction d'enfants abandonnés. De Tschoudy, franc-maçon lui aussi, prononce un discours sur l'utilité et la diffusion de l'instruction.

Dernier exemple : à La Rochelle, un autre franc-maçon, l'abbé Gervaud, lit à l'Académie de La Rochelle un mémoire pour démontrer la nécessité d'instruire le peuple.

Il est vrai que nous sommes dans les années 1770-1775, c'est-à-dire plus de quatorze ans avant le 14 juillet. C'est dire par là que les grains de blé avaient été soigneusement semés, mais peut-être plus encore profondément enfouis.

Pouvons-nous concrétiser cette lente acculturation dans la jeunesse révolutionnaire et franc-maçonne sans le savoir ? Assurément. Nous en avons quelques trois témoignages.

Ainsi Marmontel, fils d'un petit tailleur de Bort-les-Orgues et qui n'a pour vivre – sans faire pleurer margot – pendant ses études que quelques grains de seigle et des tranches de lard.

Ainsi Restif, né dans un petit hameau de La Bretonne – d'où le nom dont il s'affublera – dont les parents ont quatorze enfants et à qui la mère apprend le latin. Il entre dans un atelier d'imprimerie à Auxerre, écoute, voit, apprend et lit beaucoup. Il va entrer à l'imprimerie royale du Louvre et devenir homme de lettres.

Ainsi Brissot, fils d'un petit artisan ; Beaumarchais, fils d'horloger ; et Hoche, palefrenier aux écuries de la Reine.

Tous ces personnages dont nous ne saurions rien sans le hasard de nos révolutions.

Deux réformes majeures vont ravager complètement le paysage de l'enseignement. D'abord, l'école primaire est rendue obligatoire, et surtout l'enseignement qui ne se fera plus qu'en français.

De cette manière, sera augmentée l'alphabétisation des nouvelles générations qui étudieront dans la seule langue qu'elles connaissaient, même s'il s'y mêle obligatoirement des rudiments assez forts de patois locaux.

Cela ne veut pas dire qu'elles eurent lieu, ces deux réformes, par un coup de baguette magique, car ce serait à tort décrier l'Ancien Régime que d'écrire qu'il n'a rien fait dans ce sens.

Curieusement, ce furent les oratoriens qui, à partir de Troyes, lancèrent l'idée de l'étude des nouvelles sciences – ce qui peut sembler logique – en français, et ce depuis 1765-1770.

Le départ des Jésuites de leurs cent dix collèges – où l'enseignement se faisant prioritairement en français – n'a pas modifié la diffusion de l'instruction en français, bien au contraire.

L'étude des députés de la Convention nous apprend également qu'un grand nombre de députés n'étaient pas forcément francs-maçons ni nobles : certains étaient encore des paysans ou des fils de paysans. La vie, faut-il le rappeler, était à forte population rurale.

Les idées progressent, mais pas dans tous les domaines. La lecture, l'écriture, les voyages forment les esprits et, avec eux, l'**irréligion**. L'histoire quantitative, chère à Chaunu et à Leroy-Ladurie nous en donne des signes avant-coureurs.

Ainsi, déjà en 1752, il n'y eut à Coulommiers que 31 000 communiants contre 60 000 dix ans auparavant. Bien sûr, on parlera du Jansénisme et d'une protestation générale contre les fameux billets de confession.

L'irréligion gagnait du terrain, à preuve les témoignages et les statistiques plus ou moins élaborées d'une dizaine de curés du bailliage de Reims, signalant, cette fois en 1789, que les paysans n'ont pas de religion[1].

L'irréligion certes, mais plus encore l'anticléricalisme clef de voûte supplémentaire de la Révolution française. Cet anticléricalisme battra tous les records de popularité puisqu'il perdure depuis Louis XV, par suite de l'affaire suivante.

Celui-ci, aidé par Michault, contrôleur général des Finances, devant le déficit abyssal des finances du royaume, avait décidé d'imposer le clergé

1. Daniel Mornet, *Les origines intellectuelles de la Révolution française*, chapitre X, p. 430, A. Colin, 1933.

qui, jusqu'alors, consentait seulement à régler une somme forfaitaire invariable.

L'argent ainsi obtenu aurait permis de soutenir les guerres en partie. Ce fut un beau tollé de la part de ces évêques et autres abbés de cour. Louis XV dut faire marche arrière, mais cela se sut et se répandit dans tout le royaume.

Une vague insoupçonnée et incroyable, préfiguratrice de la « nationalisation » des biens du clergé en 1789, s'ensuivit et se retrouva dans les cahiers de doléances.

Cependant, il faut, bien sûr, voir qu'à partir de 1786 – peu importe à présent les idées que tout le monde connaît presque par cœur – il **faut agir**.

En effet, lorsque l'on parle de la guerre des farines et du « juteux » commerce des grains, les idées sont manifestement dépassées. Car la situation, comme nous le disions en préambule, est devenue inacceptable, celle de s'exprimer devient un droit, voire même encore plus.

Les libelles publiés désormais sans aucune préoccupation philosophique ont certainement été les vecteurs ayant le plus agi sur l'opinion publique.

Sans encore parler de la convocation des États généraux, disons simplement qu'elle sera le terme de toutes ces conventions publiques, petits comités, minuscules cellules, ou sociétés pseudo-littéraires.

En effet, il ne sera pas une année, à partir de 1770, sans que l'opinion dite « publique » ne soit informée ou **requise** à la fois de donner son avis.

Que l'on en juge : la condamnation des jésuites et leur expulsion, l'abolition de la corvée des jurandes, les réformes à tout-va de Turgot – pourtant franc-maçon. Les autres réformes de Necker, la première assemblée provinciale du Berry.

Bref, la liste est infinie des pour et des moins – contrairement au siècle précédent et même en ce début de siècle – où la société n'est pas requise de se prononcer.

Mais d'agir.

La presse

Au début du XVIIIe siècle, on n'en compte qu'une, l'« officielle » ; *Gazette de France*, *Le Mercure Galant*, *Le Journal des Savants* et certains journaux érudits imprimés en Hollande à cause de la censure, et certains sous le manteau.

En 1750, on en compte des dizaines. *Le Journal de Physique*, *le Journal du Théâtre*, mais le plus important demeure *Le Mercure Galant* en dépôt dans 26 villes[1]. Mais certains sont encore imprimés en Hollande.

Les rédacteurs du *Mercure Galant* sont des libres-penseurs, des francs-maçons ou affiliés, c'est-à-dire : La Harpe, Marmontel, de Boissy, Saint-Ange.

Ce journal, fort prisé, bataillera pour les deux camps, car il ne pourra faire mieux, et se verra ainsi la cible de tous les reproches : trop catholique ou trop libertaire, suivant le cas.

Lorsque *Le Mercure Galant* deviendra, par la force des choses, moins galant et plus intéressé par les problèmes politiques, il ouvrira grand ses colonnes à Benjamin Franklin qui y développera non l'idée d'une rébellion sanglante, mais le despotisme d'une révolution « vertueuse ».

Quant au ***Journal encyclopédique***, son titre même est une déclaration de guerre. Tout est oscillant également entre pamphlet ou panégyrique de la religion et de la royauté absolutiste.

Mais le mal est fait et ses lecteurs ne s'y tromperont pas.

Il portera aux nues, évidemment, le *Candide* de Voltaire, et plus encore lors de l'affaire Calas. Il soutiendra les idées de Diderot et surtout d'Helvétius, franc-maçon de la loge « des Neuf Sœurs », pour son étincelant *De l'Esprit*, qui, fait ahurissant, passera hardiment sous les fourches caudines d'un censeur royal, le premier commis aux Affaires étrangères Tercier. Parce qu'il était franc-maçon et anciennement affilié au fameux « Secret du Roi ».

Lorsque l'on s'en aperçut – ce qui est assez piquant –, il était diffusé partout et ne se privait pas de développer l'idée d'un progrès matérialiste,

1. Daniel Mornet, *Les origines intellectuelles de la Révolution française*, chapitre VI, p. 160.

ce qui émut fort le parti dévot, celui du Dauphin – à l'époque, le père de Louis XVI.

Il abordera l'un des tous premiers problèmes de politique étrangère en citant l'Angleterre et son organisation politique, fort différente de la nôtre. En bref, il obligea ses lecteurs à réfléchir.

À n'en pas douter, le renom déjà bien établi de la Loge « des Neuf Sœurs » fit plus pour l'audience de la franc-maçonnerie et des idées qu'elle véhiculait que l'ensemble des « médias » de l'époque.

Elle fut, en tout cas, l'une des premières loges à envoyer en province des délégués porteurs d'ailleurs des principales gazettes à la mode, afin de laisser des traces de leur passage. De plus, la malignité de Franklin sut rallier les disciples de la nature – type Rousseau – à ceux de la raison – type Voltaire.

Franklin – toujours lui – eut l'idée remarquable de créer la première université libre du royaume, la société apollonienne où s'illustrent d'éminents professeurs, francs-maçons, Pilâtre de Rozier – aéronaute – et La Harpe au niveau de la littérature.

La justice criminelle et sociale trouve également, dans les révolutionnaires, des porte-parole fort actifs qui contribueront à en améliorer le fonctionnement.

Ainsi de Dupaty, qui sera un des premiers à légiférer sur l'application de la peine de mort pour des cas de vol ; de Brissot, qui remportera le prix de l'Académie de Châlons-sur-Saône pour ses recherches sur le droit de propriété, qui fit grincer bien des dents.

De Cerutti, qui participera activement à la réforme du Code criminel ; de Marat également, sur des aspects de la législation criminelle, sans reparler de l'affaire Calas qui bouleversera la jurisprudence en la matière et qui est due à Voltaire.

Plus proche d'une justice sociale, on notera les activités de Deleyre qui soutiendra un seul impôt foncier, quels que soient les biens concernés – roturiers et seigneuriaux – qui fit également grincer les dents des nobles, pourtant les premiers à réclamer une certaine « égalité », et de Bouilly à Orléans qui soutient une thèse pour que les bâtards aient droit à une part de l'héritage paternel.

Les cahiers de doléances

À partir de 1781, les choses se précipitèrent. Un peu par la faute de Necker, qui veut justifier sa réforme. On se croirait au troisième millénaire.

Le compte rendu de Necker, ordinairement considéré comme un document à remettre au roi, mais à tout prendre dont la diffusion est quand même restreinte, fait l'objet, suite à une dangereuse indiscrétion, d'une édition plus ou moins publique.

Mallet du Pan rend compte « jusqu'aux harengères des Halles », qui vont acheter cette publication que se serait vendue à quelque 100 000 exemplaires[1].

Les « almanachs », vendus par des colporteurs de villages, se mêlent à présent de politique et de déclarer les folles dépenses de la Reine, comme celles de la du Barry en son temps. Le Gouvernement décide alors de supprimer les almanachs, d'où il s'ensuit un beau tollé dans les campagnes, de quoi alimenter les germes de la Révolution.

Parmi les rédacteurs des plus fameux cahiers de doléances – dont le Gouvernement aurait été bien inspiré de lire entre les lignes – figure Choderlos de Laclos, membre et vénérable de la loge « L'Union » à Toul. C'est ensuite sous sa dictée que Brissot, autre franc-maçon, rédigea la pétition du Champ de Mars[2].

D'un autre côté, Nicolas de Bonneville, initié à Londres, exige à la fois la liberté de la presse et l'abolition du clergé. Puis, arrivent Louis Louchet – d'une loge de Rodez –, Sylvain Bailly – célèbre astronome et académicien, membre évident de la Loge « des Neuf Sœurs » – dans sa « Requête des habitants de Paris au Roi ».

Enfin l'avocat Defermon – à l'Orient de Rennes – réclame, au nom des Bretons, l'égalité sociale, thème majeur de presque tous les cahiers de doléances.

1. *Ibid.* p. 433.
2. Il fut, curieusement, le seul de l'entourage du duc d'Orléans à échapper à la guillotine. Il était protégé, mais par qui ?

Face à ce formidable appareil de propagande, l'inertie du Gouvernement est non seulement fort impudente, mais coupable.

Comme l'écrira A. Dumas :

> « Une royauté sans rayon, une noblesse sans autorité... Les deux se trompant d'époque, un peuple sans droit, une société sans confiance[1]...

1. A. Dumas, *Le Collier de la Reine*, p. 141.

Chapitre XVI

L'AFFAIRE DU COLLIER DE LA REINE III

Les diamants de la guillotine

« Mon fils, maintenant je suis sûr que les confrontations sont finies. »

De qui est cette ligne et cette phrase ?
Et a qui s'adresse-t-elle ?

Il s'agirait de ce qui resterait d'un billet déchiré glissé par Cagliostro au Cardinal à la fin d'un interrogatoire. Ce morceau de billet figure dans la Bibliothèque historique de la ville de Paris. Dossier Target MS 690[1]. Target était un des avocats commis dans la procédure.

Jeanne de la Motte, qui n'a plus rien à perdre, accuse véhémentement Cagliostro d'être l'âme damnée du Cardinal. Quand à Cagliostro, il ne dévie pas de son système de défense. Il est innocent, il est torturé, il est calomnié, etc.

Le curieux de l'affaire est que Willermoz, le mystique lyonnais, qui correspond toujours avec ses supérieurs germaniques, informe le comte de Hesse que Cagliostro – qu'il connaît bien – était parfaitement capable

1. Cité par D. Balban, *Le Comte de Cagliostro*, p. 174 – Éd. Laffont.

de faire des diamants du collier d'autres diamants encore plus gros. L'ingénuité en l'occurrence l'emporte sur la crédulité.

Pourtant, à aucun moment dans l'interrogatoire – et des divulgations dans la presse – l'appartenance de Cagliostro à une obédience maçonnique n'est mentionnée. Mais de toute manière, Cagliostro est assurément le bouc émissaire. Les gazettes étrangères, dont celle d'Utrecht, s'en donnèrent à cœur joie.

La polémique fait le tour de l'Europe, et fait beaucoup de bien, en prévision de la prochaine naissance de la République. Là où les affaires se corsent, c'est lorsqu'on apprend que Mirabeau – autre franc-maçon – vend sa plume à un placet où Cagliostro est considéré comme un agent des jésuites (!).

Des vers de mirliton foisonnent, parodiques, témoin de ceux-ci que nous ne citons qu'en partie :

> « Un eunuque noir
> Près d'un réservoir
> Lui fit voir
> Vers le soir
> La tête d'un âne
> Qu'il prit pour la sultane[1]. »

Mais plus encore, ce quatrain de Nostradamus :

> « En quatre-vingts et plus, maquereaux et guenons
> D'aucun en liberté, d'autres en bastion
> Gisent tout vifs, savoir femme qui n'est pas bête
> Deux comtes sans comtés et un cardinal sans tête. »

La comparution de Cagliostro devant ses juges, lors du procès, valut aussi son pesant d'or. Il apparut en habit vert brodé en or, et une singulière coiffure lui donnant un air supérieur exotique. Il fit rire les juges en adoptant un langage entremêlé de grec, d'arabe, d'italien.

Il insistait cependant sur le fait « qu'il n'était d'aucune époque ni d'aucun lieu… Mon être spirituel vit une éternelle existence, je deviens ce que je désire ».

---

1. En fait, on ressortit ces vers qui s'adressèrent, en leur temps, au comportement du cardinal Dubois sous la Régence.

Et tous de l'écouter attentivement ; il détourne ainsi considérablement l'intérêt pour un vulgaire escroc vers une entité spirituelle dotée de singuliers pouvoirs que tous rêvaient de posséder. Belle rhétorique au niveau de la défense.

Cagliostro parvint à démontrer – beau tour de force – qu'il n'était pour rien dans cet imbroglio, et qu'au contraire, il avait, à maintes reprises, attiré l'attention du Cardinal sur... et sur... Bref, il obtint le même verdict que son cardinal, l'acquittement, mais avec un relatif bannissement.

Victoire donc ou défaite ?

Ce qu'il faut bien percevoir est que son acquittement, comme celui du prélat, lui valut un triomphe, car à son retour à son domicile, dans la nuit, des centaines de voitures stationnaient pour l'attendre.

Cagliostro estime à 8 000 ou 10 000 le nombre de personnes qui l'attendent pour son triomphe.

Même s'il doit tout abdiquer, il a gagné et plus encore la société secrète derrière lui. Il est acquitté alors qu'il a joué un rôle essentiel, que tout le monde s'en doute, que les magistrats s'en doutaient, mais plus encore, c'est Marie-Antoinette qui est véritablement condamnée. Elle a déjà un pied sur les marches de l'échafaud, mais elle ne le sait pas encore.

Le même jour où il s'embarque de Boulogne pour l'Angleterre – alors la patrie des francs-maçons – le Cardinal voyagea en berline jusqu'à une lointaine abbaye à La Chaise-Dieu.

Une phrase de ses mémoires est à méditer. Bien sûr, il se justifiera après coup et c'est de bonne guerre. Mais la phrase vaut le détour. Au début, il se plaint « d'avoir été persécuté...De quoi m'a-t-on accusé ! De chercher la vérité et de la défendre, **quand on m'en a donné l'ordre**[1]... ».

Cette phrase énigmatique semble révéler qu'il a obéi à des instructions, ce dont nous sommes en partie convaincus.

À Londres même, certains de ses interlocuteurs l'auraient entendu proclamer – en raison de son traitement en prison – qu'il faudrait que la Bastille redevienne une promenade publique.

1. *Ibid.* p. 212.

Le Comte de Cagliostro, bien sûr, n'est autre que Giuseppe Balsamo, né à Naples, et Séraphine, loin d'être une comtesse, se nomme Lorenza Feliciani, fille d'un simple artisan. Mais est-ce que cela change vraiment l'affaire ?

Le piquant de l'affaire est que trois ans à peine plus tard la révolution française se chargera de mettre à bas les titres nobiliaires ainsi que les privilèges. Balsamo a-t-il voulu aussi rire de nos compatriotes ?

Mais pourquoi s'attaquer à la France et non à l'Autriche ou à la Prusse ?

On remarquera qu'il fallait bien commencer un jour, par le commencement et que, par conséquence, le royaume était le plus disposé à accueillir une révolution et, encore une fois, parce qu'il était le plus peuplé et que tout le monde se côtoyait.

De fait, les évènements peuvent donner raison à cette hypothèse. Pour la renforcer, ajoutons l'incompréhensible aversion de Marie-Antoinette envers de Rohan, ce qui justifiera la mise au point d'un plan fort machiavélique pour expliquer ou annihiler cette antipathie.

Balsamo fut indubitablement « repéré », lorsqu'il était jeune, à Naples ou à Malte pour son rare talent d'illusionniste sur une grande échelle à partir de petites impostures.

Un homme facile à manier pour peu qu'on lui apportât toute l'aide financière et relationnelle possible : château, palais, domesticité, courtisans complaisants dans le vent de ses victoires médicales, faiseur d'or. On lui met, certes, le pied à l'étrier, mais il ne demandait qu'à bien monter à cheval.

Il fut manipulé, mais s'en doutait. Son mémoire, portant sur « ce qu'on me demandât de défendre », prouve à tout le moins sa lucidité.

Althotas, remarquablement décrit par Dumas comme alchimiste, a certainement existé. Il vivait en compagnie du Comte à Strasbourg, et à Paris lui servit de mentor, de complice et, bien sûr, de surveillant pour le compte de ses autres frères.

Encore aujourd'hui demeurent de vastes surfaces d'ombres que les historiens qui se sont penchés sur cette énigme n'ont pu mettre au jour et à jour. Toujours est-il que d'invraisemblables hypothèses ont couru du vivant des protagonistes.

En témoignent les accusations contre Marie-Antoinette, alliée à la comtesse de la Motte qui la fréquentait assidument, mais pour mieux tromper le Cardinal. Donc Marie-Antoinette, coupable avérée, et pourquoi pas instigatrice de ce petit chef d'œuvre de duperie ?

Autre hypothèse : l'affaire du bosquet est authentique. Le cardinal de Rohan, qui connaissait bien la Reine – étant grand aumônier à Versailles – n'a pu être un seul instant trompé par un vague sosie, même impeccablement coiffée et habillée. Il a vu son visage qui ne portait pas de masque.

A-t-il été trompé cette fois ?

Mais non, il s'agit d'une véritable scène d'amour, plutôt de retrouvailles. Ils vont s'enfuir ensemble au moins jusqu'au premier parc-aux-cerfs ou Trianon. Là, les choses tournent mal. Les complices s'estiment mal payés pour le travail effectué, etc. Et ils dénoncent à tout-va.

Car l'épilogue du drame – c'est-à-dire non le jugement acquittant Rohan et Cagliostro, mais la fin de l'histoire est édifiante – la Comtesse s'enfuit six mois après de la Salpêtrière déguisée en garçon, part tranquillement en Angleterre, y retrouve quelques pierres, le prix de son silence, se fait défenestrer ou saute par la fenêtre, tombe et meurt… pour reparaître à Paris au moment de la Terreur. Il y a de quoi écrire un autre roman-feuilleton.

Qui a bien pu réellement voler le collier ? Même si, plus tardivement, on en retrouve quelques vestiges.

- Le Cardinal ? Il n'y faut pas songer. Il appartenait à une des plus hautes familles de France et ses revenus sont plus que substantiels.
- Cagliostro ? Mais bien sûr. C'est un « faiseur », un « imposteur », un « escroc » toujours à court d'argent.
- La Reine ? Mais bien sûr. Toujours à court d'argent et que les scrupules n'étouffent pas vraiment en la matière. Elle ne peut pas, décemment, l'acheter – on jaserait et le roi ne lui passerait pas ce caprice – mais si un complaisant intermédiaire se présentait…

Qu'après coup, les différents complices et protagonistes règlent leurs comptes entre eux parce qu'ils estimaient précisément n'avoir pas été réglés, n'est que justice.

Que l'on en juge : la comtesse de la Motte écrira calomnie sur calomnie à l'égard de sa protectrice Marie-Antoinette, qui ne pourra lui répondre. Cagliostro s'estima, en tant que grand cophte, bafoué alors qu'il ne fut que bienveillant et dispensateur des conseils. De mauvais conseils, en fait.

Il reste, à présent, une hypothèse qui n'a jamais été évoquée par aucun des auteurs s'étant intéressé à l'affaire du collier. Elle opère un total renversement des évènements et des personnages. Elle est à ce point extraordinaire de lucidité qu'on a peine à croire que le Parlement de l'époque n'ait rien vu.

Et si Cagliostro avait tout « machiné » avec le cardinal de Rohan, non pour se rapprocher d'elle mais **bel et bien pour la perdre** en escomptant que l'affaire serait vite découverte. Car, c'est bien ce qui s'est passé.

En quelques jours, le roi est au courant, la cour aussi.
Que font les acteurs du drame ? Se sont-ils enfuis ?
Absolument pas. Ils sont **tous** restés à Paris attendant d'être paisiblement et sans remord arrêtés.

La seule qui n'a rien vu venir, et pour cause, car elle fut la seule à être manipulée alors qu'elle croyait être la manipulatrice, est précisément la comtesse de la Motte.

Et le cardinal de Rohan a obtenu sa vengeance par rapport à la haine viscérale que lui vouait Marie-Antoinette. Il a, lui aussi, abattu la monarchie bourbonienne

Qui a manipulé la comtesse de la Motte ? Ce qui saute aux yeux, c'est le nom de ceux qui avaient le plus à se réjouir de la divulgation de ses calomnies : les révolutionnaires, les anglais, le duc d'Orléans, et de tout ce petit groupe, on saute allégrement aux francs-maçons.

H. P. Blavatsky – dans sa doctrine secrète – n'hésite pas à écrire que les francs-maçons de l'armée d'Italie libérèrent Cagliostro de sa prison en 1795 et l'embarquèrent pour Malte, où il trouva refuge dans sa patrie d'origine.

Elle conclut – ce qui ferait un excellent roman d'aventure – que Bonaparte, en partance pour l'Égypte, fit escale à Malte pour rencontrer Cagliostro, qui lui révéla certains secrets.

Chapitre XVII

Marie-Antoinette

Il nous faut donc parler de Marie-Antoinette, pièce maîtresse d'une affaire sur deux, et il est très logique de retrouver cette reine dans notre étude sur le rôle des francs-maçons dans la Révolution française, car sans elle, celle-ci aurait été dénaturée.

Qu'est-ce à dire exactement ?

Nous ne referons pas, à l'évidence, le procès de Marie-Antoinette. Les pièces à conviction sont accablantes de preuves plus incontestables les unes que les autres. Et pourtant, on n'en finit pas de refaire son procès, comme si on hésitait toujours à la croire coupable ou innocente.

Or le dossier ne s'est guère enrichi depuis plus de deux cents ans. Ainsi avons-nous voulu, à travers les acteurs de première classe, les premiers rôles, analyser **quelle** put être sa politique, car elle se piquait d'en avoir une.

Dernière des filles de Marie-Thérèse, son mariage politique avec le petit-fils de Louis XV fut arrangé pour mettre du baume sur le cœur des deux vaincus de la guerre de Sept Ans, l'Autriche et la France, respectivement de la Prusse et de l'Angleterre.

Son mariage tardant à être consommé, Versailles en fit ses délices, de même que les cours étrangères. Déjà on brocardait le couple royal.

Déjà, dans les coulisses, s'agitent les comtes de Provence et d'Artois au cas où leur frère n'aurait pas d'héritier mâle. Et Paris ainsi que la gazette de conclure : « Si le Roi est impuissant, la Reine doit être frivole. »

Et les amants – vrais, faux – d'être nommés. Un peu de tout, avec une priorité pour Artois et Fersen. On lui prêtera ainsi des goûts saphiques pour Marie-Thérèse de Lamballe, comme avec la Polignac.

Elle a ses têtes, elle aussi, et déjà le clan Choiseul d'abord. Et les amis du Trianon. Au fur et à mesure des années, son importance en politique grandit, ne serait-ce qu'en faisant et défaisant le Gouvernement.

Qu'on en juge : elle obtient le départ de Calonne, impose Turgot contre Necker, fait renvoyer celui-ci pour le rappeler quelques semaines plus tard. On croit rêver à ce jeu de chaises musicales.

Tout ça ne fait pas de Marie-Antoinette une tête politique. Surtout une perruque bien trop haute pour sa petite tête frivole.

Elle parle trop. Partout. À la cour comme à la Comédie-Française en face du café *Procope*. On est de plus en plus convaincu, tant à la cour qu'à la ville, qu'elle sert une cause qui n'est pas celle du Royaume.

Elle est déjà l'Autrichienne, bien qu'elle est obligée de faire appel au traducteur pour lire les lettres de sa mère ou de son frère. Or, la situation se dégrade à un rythme effréné. Elle est, certes, exaspérée par les atermoiements du Roi, mais jamais une reine n'a pris à ce point parti dans la vie politique du Royaume.

Elle prend ainsi place dans la longue cohorte des maîtresses royales profitant de leur bref empire sur le roi ou sur un autre. Mais ce qu'on accepte plus ou moins d'une favorite est incompatible avec la dignité d'une reine.

Et pourtant, les conseils ne lui ont pas manqué. Peut-être en a-t-elle trop reçu ? Mais si elle en suit certains, qui s'avérèrent fort mauvais, elle en négligera d'autres.

Ne va-t-elle pas même prêter le flanc à la critique ? Dans une lettre à sa mère, transmise par Mercy-Argenteau, ambassadeur d'Autriche à Versailles, et dont on ne sait comment les gazettes en eurent connaissance, elle écrit notamment « qu'on lui suppose très facilement les deux goûts, celui des femmes et celui des amants[1] ».

Elle est condamnée, cela va sans dire, par l'opinion publique toujours versatile. D'Autrichienne elle devient femme de mauvaise vie, complètement dépravée. Hélas pour elle, elle continue de mener sa vie avec une belle imprudence et une non moins belle impudence.

Elle a oublié que les reines, malgré les recommandations pressantes de Vienne, n'ont pas le droit d'être comme les autres femmes.

La Révolution française se chargera de dramatiser à l'excès son attitude, mais d'ores et déjà, dès 1785, avec l'affaire du collier, son sort est arrêté, mais elle ne le sait pas et si on le lui disait, elle rirait aux éclats.

Elle sera donc, dès le départ, antirévolutionnaire, si par là on entend le changement de régime. Elle veut garder son royaume de favoris et de Petit Trianon.

Quand on parle de « complot aristocratique », c'est d'abord à elle qu'on pensera et lorsqu'on jugera des activités du « Comité autrichien » dont l'existence sera éphémère, les rideaux seront tirés sur son activité.

Des hommes auront tenté, non de la sauver, mais de sauver la monarchie. Nous les avons étudiés ici même, de Mirabeau à La Fayette, de Fersen à Barnave. Sa correspondance avec Barnave est sans équivoque à ce sujet.

Marie-Thérèse de Lamballe s'efforcera, en pure perte, de limiter les dégâts, notamment au dénouement tragi-comique des Mémoires de Madame de la Motte. C'est elle qui interviendra à nouveau auprès de ses frères d'Autriche pour la sauver. Elle aurait fait déplacer les troupes autrichiennes à la frontière française, près de Montmédy, pour remplacer les Prussiens, mais peut-être n'est-ce qu'une légende de plus.

Brissot, Duport, eux aussi, s'efforceront, au retour de la désastreuse équipée de Varennes, d'atténuer le châtiment qui va tomber sur la famille royale et sur elle en particulier. Barnave a obtenu de faire le voyage retour dans la même calèche. S'efforce-t-il de la convaincre, de préparer un autre coup inouï ?

1. Furet/Ozouf, *Marie-Antoinette*, p. 205, Flammarion, 2007.

Elle mentira fort bien, c'est-à-dire avec une parfaite bonne foi, lorsqu'à son procès, elle déclarera à plusieurs reprises qu'elle n'était que la femme de Louis XVI et qu'elle s'est conformée, de ce fait, à ses volontés. Mais, à l'évidence, personne ne la croit.

D'ailleurs, le procès est terminé avant d'être commencé. Combien de temps dura-t-il ? On attendait plusieurs semaines. Il fut liquidé en deux jours, du 14 au 16 octobre 1793. Le tout sans gloire, car il n'y avait plus d'enjeu politique national réel. Les Autrichiens sont entrés en France. Il y a plus urgent à faire.

Bien des historiens, avares d'honnêteté intellectuelle diront, sans ménagement, qu'elle a été « la sangsue » des Français[1].

Cependant, lors de sa condamnation à mort, elle monta dignement sur l'échafaud. Rendons-lui au moins cette justice.

Maintenant, on pourra écrire bien des romans sur sa pseudo-évasion du Temple et qu'il s'est agi d'un sosie que l'on a guillotiné à sa place.

Mais au fait, dans l'affaire du collier, n'y avait-il pas déjà un sosie ?

1. *Ibid.* p. 212.

Chapitre XVIII

L'ÉVOLUTION DE LA FRANC-MAÇONNERIE

Les historiens ont, en général, tort lorsqu'ils évoquent la fin de l'Ancien Régime en développant pêle-mêle des vérités premières, à savoir les abus, les famines, les guerres, les impôts...

Ces éléments existaient, comme partout ailleurs en Europe, mais s'ils révélaient un caractère insurrectionnel qui n'auraient pas du contribuer aux « différentes prises de la Bastille ». Ou à tout le moins ils étaient singulièrement insuffisants.

Il faut bien savoir que l'impulsion de départ, les ferments révolutionnaires, et plus encore les chefs de la révolution – du moins à l'origine du mouvement – furent des nobles.

Nous examinerons le cas du comte de Mirabeau prônant la suppression de l'hérédité. Mais il était loin d'être le seul. La plupart des grandes familles nobles, le Tiers-État, et ceux qui composaient le Parlement étaient fondamentalement opposés à la monarchie. Témoin, l'affaire du collier de la Reine.

Cette noblesse perdit – in fine – dans la Révolution ses anciens droits et privilèges, sa fortune et surtout son rang. Ne s'en douta-t-elle pas ou fut elle sciemment aveugle à son tour ?

Un des meneurs de jeu fut incontestablement La Fayette, qu'il s'en doutât ou non, ou qu'on se servît de lui. Lorsqu'il rentra des nouveaux États américains, il fut au plan européen le plus populaire des hommes. Ce qui lui monta très vite à la tête et à l'esprit.

La légende raconte que les harengères des halles déposaient sur son beau front des couronnes de laurier, tandis qu'à l'opéra, on interrompait même des scènes pour l'applaudir lorsqu'il entrait dans sa loge. La légende raconte même que la Reine se plaisait à danser avec lui, ce qui nous rapproche vraiment de la sinistre carmagnole.

Les jeunes nobles demeurés en France voulurent se joindre à lui, le copièrent, se firent des amis de ceux qui l'avaient rejoint là bas... Le Roi même le reçut en audience privée maintes fois. Écrire qu'il était populaire est insuffisant, si on n'y ajoute pas qu'il paradait en Europe, vêtu d'un uniforme de major général de l'armée américaine.

Il est difficile de ne pas rester béat d'admiration devant une telle manipulation. L'opinion est certes volatile, versatile, mais en ce siècle, théoriquement de Lumières et d'illuminés, un tel aveuglement fut redoutable de conséquences.

La Fayette se rendit en Prusse, en Autriche, en Angleterre, où il participa à d'importantes réunions avec des pasteurs protestants, tous francs-maçons.

Aurait-il renié sa spiritualité ?

Non, il voulait simplement ouvrir le protestantisme et le libérer des chaînes forgées par l'absolutisme royal. Applaudi d'ailleurs par ce même pouvoir royal.

La mise en scène est consommée définitivement. Ceux qui y joueront désormais seront les dindons de la farce. Major général ne lui suffisait plus. Son salon de la rue de Bourbon ne désemplissait pas. Il se considérait, on le considérait, comme le véritable ambassadeur de Washington.

Nous parlerons de Cagliostro parce que lorsqu'il créa en France sa maçonnerie égyptienne, celle-ci à son tour fit rêver bien des nobles : La Fayette en fut et y fut admis.

Honnêtement, il est difficile d'affirmer qu'il fut aveuglé par l'illumination venant du grand cophte ou qu'il décida de s'en servir pour multiplier son audience.

Le suicide maçonnique de la noblesse

Nous touchons, en la matière, au paradoxe le plus évident de cette époque fort troublée. La maçonnerie avait recruté, pour diverses raisons précédemment décrites, la haute et la basse noblesse, et la plupart des riches magistrats échevins, bourgeois, pour qui le monde cependant ne devait pas changer.

Or cette maçonnerie, contaminée par la maçonnerie hanovrienne – comme par celle importée des insurgents – est à l'évidence philanthropique et surtout égalitaire. Par égalitaire, il faut bien évidemment comprendre et sous-entendre libertaire.

De la même manière, lorsque Mesmer, arrivé de Vienne pour soigner cette haute noblesse entichée de la dernière mode médicale, La Fayette fut un de ses premiers clients. Mesmer fonda, lui aussi, une assez mystérieuse « société de l'homme » où, à l'évidence, La Fayette fut également admis. Cela pouvait toujours servir.

Rivarol, pour le citer à nouveau, a une remarquable définition s'appliquant à La Fayette lorsqu'il écrit :

> « Nommé général dans les meilleures milices bourgeoises d'Europe, il fut bientôt digne de sa place. Il en saisit l'esprit, **qui est d'obéir à la multitude et de lui commander tout ce qu'elle désire.** »

La Fayette n'était qu'une autre marionnette dont on tira magistralement les ficelles. Il était beau, riche, couvert de gloire, amoureux de toutes les jolies femmes qui le lui rendaient bien, et surtout il fut donc la cheville ouvrière de ce renouveau social.

Il aurait pu, au XXe siècle, créer un parti radical-socialiste sans problème. Dire qu'il voulut simplement faire une révolution parlementaire et constitutionnelle est totalement insuffisant.

L'argent anglais coulait dans son sillage, ce qui est quand même un comble, car l'Angleterre était toujours l'ennemi numéro un de la France pour diverses raisons, la dernière étant de l'avoir combattu avec les insurgents.

C'est donc un paradoxe de plus de voir le marquis de La Fayette influencé froidement par ses amis de Washington et ses financiers de Londres pour parfaire une remarquable entreprise de démolition de la monarchie bourbonienne.

Militaire auréolé de succès, il facilita, à n'en pas douter, la création de loges au sein des régiments de l'armée royale. L'armée, dit-on, se « maçonnisa ». Ce qui peut expliquer les sautes d'humeur de La Fayette, à défaut de ses volte-face, où il aurait fallu qu'il obéît aux ordres royaux au lieu de jouer un rôle très ambigu et parfaitement clair aujourd'hui.

À n'en pas douter, la maçonnerie devint en France celle du Grand Orient du XIXe siècle, expliquant que l'époque était désormais révolue d'une religion unique arrivée pratiquement à une impasse au seul plan de l'humain.

Il fallait donc créer, bien au-dessus et surtout au-delà des religions monothéistes, une société capable, non de les anéantir, mais de les tolérer, tout simplement, à titre de cas d'espèce. Ce fut la raison du schisme avec la Grande Loge unie d'Angleterre.

Bien évidemment, créer une sainte spiritualité, extérieure et non soumise à des dogmes, relevait purement et simplement d'une hérésie profonde. Tel ne fut pas le cas à partir de 1780. Cela s'accompagna d'une suppression – toute thématique – de la hiérarchie religieuse, incapable de s'intéresser à la vie sociale et quotidienne.

Les législateurs, francs-maçons de la Constituante, de la Législative et autres conventions, honnêtement ou non, y souscrivirent sans appel. En revanche, cette attitude les entraîna beaucoup plus loin qu'ils ne le souhaitaient sincèrement, mais la fracture constitua une nouvelle guerre des « religions ».

On pouvait, comme le pensait Saint-Germain, réformer sans pour autant se massacrer. Les guerres de Vendée firent quand même cinq cent mille morts. Il fallut bien admettre que le tempérament français était à l'opposé d'un règlement pacifique des conflits sociaux ou religieux.

Le vote sans difficulté de la constitution civile du clergé, en revanche, en surprit plus d'un et continue d'interroger les historiens de la Révolution, car pour autant qu'on le sache d'après les archives, même le clergé s'enthousiasma pour le projet.

Alors que, trois décennies plus tôt, ils l'avaient catégoriquement refusé sous la forme d'un impôt plus important, comme celui, en effet, de renforcer, un moment, les caisses de l'État.

Sauf, bien entendu, le clergé des petites paroisses, fort étranger aux idées maçonniques. Ils se dressèrent comme un seul homme contre le décret et entraînèrent à la mort des milliers de leurs partisans. Ce fut un des échecs politiques les plus graves de la Révolution, car il ne fut pas compris de l'époque.

Deux maçonneries dès lors s'affrontent. La première, philosophique et tolérante, la seconde profondément anticléricale.

Cela se fit nettement sentir une décennie à peine plus tard. Les maçons de 1800 – ceux qui survécurent – acceptent que l'Église soit détruite radicalement.

Plus question de compromis. Le terme « tolérance » a disparu de leur vocabulaire. Ils y mettent d'autant plus d'énergie qu'ils ont l'impression, avec sincérité, d'avoir été dupés.

Ce qui fut le cas.

La franc-maçonnerie put alors être considérée, par le reste de l'Europe, y compris l'Angleterre, comme un redoutable appareil de propagande et de diffusion des idées insurrectionnelles.

IIe PARTIE

Chapitre XIX

L'affaire de la nuit de Varennes I

Dans le jeu de l'oie de la Révolution française, ce voyage interrompu est le coup de dé malencontreux qui « ramène les joueurs à la case départ », écrira joliment Mona Ouzouf, auteur d'un succulent *Varennes ou la mort de la royauté*.

On croit revivre l'affaire du collier, tant l'accumulation de bévues, de fautes grotesques ou risibles, de portes qui claquent, d'entrées et de sorties de personnages jusqu'au rocambolesque et à l'extravagance fait penser à une pièce de Feydeau, ou plutôt de Beaumarchais.

Un départ clandestin, mais attendu de tous, prévu, arrêté, retardé, dans la discrétion la plus totale en même temps que le bruitage le plus ahurissant, le nombre de personnes impliquées – cinq au départ, douze ou treize à l'arrivée –, des postillons qui ignorent le trajet dans Paris et où est située la porte Saint-Martin… De quoi rire, en effet, et à gorge déployée, s'il ne s'agissait du Roi de France.

La foule elle-même, le chœur antique d'Antigone, des tragédies grecques, a déjà été prévenue du départ ? Non, déjà du retour. On va ramener le Roi.

Comment le sait-on ? Toujours est-il que la foule, très nombreuse, va se presser devant son carrosse : lazzis, injures, crachats, jets de pierres... ?

Rien ne manque ? C'est faux. C'est pire, le silence sur plusieurs rues dans la capitale. Un mot d'ordre a donc circulé.

Alors, à qui a servi cette comédie ?
Et surtout, par qui a-t-elle été montée ?

La vérité oblige à dire que des francs-maçons se trouvent derrière cette absurdité. Absurdité ? Peut-être pas finalement. Et des francs-maçons, non des moindres : La Fayette, comme il se doit, toujours à l'affut de mauvais coups ; le comte de Fersen, le marquis de Bouillé, et tous ceux qui, à Paris ou à Coblence souvent, veulent la fuite de la famille royale, et pour des raisons diamétralement opposées.

L'affaire une fois terminée, à Paris on s'emploiera – les pouvoirs publics – à la banaliser. Le Roi s'est enfui ? Mais pas du tout... Il a fait un petit voyage en province. Ou seconde version : il a été enlevé par des ennemis du nouveau régime.

La foule ne s'y perd pas, ni les gazettes, pour qui le compte du Roi est bon. On restera quand même sur sa faim quant à savoir si Louis XVI voulait, ou non, franchir la frontière.

Le piquant de la nuit de Varennes, et que n'aurait pas désavoué Beaumarchais, fut le fait que le Roi se soit travesti en domestique pour passer inaperçu.

De plus, les poursuivants étaient déjà sur le pied de guerre aux portes de Paris, au pluriel, au cas où, au dernier moment, le monarque aurait changé d'avis. Donc point de poursuite haletante.

Mais, comme au théâtre, une nouvelle fois, c'est d'abord une unité de lieu : la berline ou la pièce d'un épicier d'un village, déjà deux réduits ou deux cachots. Puis une unité de temps : tout se déroule en moins de vingt-quatre heures. Enfin, une unité d'action : on n'arrête pas de chevaucher.

Reims et Varennes

Le lent travail de sécularisation de la royauté s'est élaboré à partir de 1720-1730. Personne n'y prit garde, encore moins le petit-fils de Louis XV, organisant avec une minutie désespérante son propre sacre à Reims, non loin de Varennes, d'ailleurs.

Comme l'écrira Mona Ozouf, le « voyage » du Roi à Varennes apportera un « glacial démenti » aux conséquences attendues d'un autre voyage sacré.

L'auteur du régicide de la royauté est le Roi en personne. Ce fut pratiquement le leitmotiv des émigrés qui, revenus en France, n'auront rien compris, ni rien appris. Ils rejoignaient Brissot, franc-maçon, qui, en juillet 1791, écrira que Louis XVI avait lui-même brisé sa couronne.

La Fayette

Porte-parole de l'aristocratie dite « libérale », député de la noblesse d'Auvergne aux États généraux, il devint chef de la Garde nationale et, à ce titre, devint le geôlier du Roi aux Tuileries. Il présenta un projet de Déclaration des droits de l'homme à l'Assemblée constituante, et fit décréter la responsabilité des ministres.

Cette première « Déclaration des droits de l'homme » considérait simplement que le peuple français était abusivement soumis au roi de France et qu'il convenait qu'il se gouvernât lui-même.

Les 6 et 7 octobre 1789 virent les Parisiens envahir Versailles « pour demander du pain » et, là encore, La Fayette, commandant la Garde nationale, fut en retard. Chargé de la sécurité du château, il se garda bien d'empêcher son invasion.

Membre de l'Assemblée constituante, il poursuivit ses requêtes concernant les droits de l'homme, notamment l'abolition de la noblesse héréditaire, l'égalité des citoyens – cette fois-ci, ce fut dit et chanté en toutes lettres – et les droits civils des hommes de couleur.

Une phrase demeura célèbre lorsqu'il s'écria à la Constituante :

> « Pour la Révolution, il fallait des désordres, car l'ordre ancien n'était que servitude et, dans ce cas, l'insurrection est le plus saint des devoirs. »

Qui a imaginé la fuite de Varennes ?

La Fayette était donc le geôlier de la famille royale aux Tuileries. Il lança immédiatement, dit-on, un escadron à la poursuite du carrosse. Il est au courant des invraisemblables retards accumulés depuis l'aube, donc il ne se presse pas. Il s'en expliquera dans ses mémoires parues en 1837 :

> « Les journaux avaient tous les jours, depuis deux ans, dénoncé la fuite du roi qu'on avait fini par ne plus y croire. »

Lui, il n'y croit pas, et va même la favoriser pour en tirer partie. Ce diable d'homme, c'est du Roi dont il parle, n'a aucune envie de partir, car ce serait une trahison que de passer du côté des Prussiens et des Autrichiens. Mais pour faire définitivement tomber la royauté, il faut que cette trahison apparaisse en clair.

On arrêtera le carrosse à un certain moment, par exemple à quelques lieues de la frontière, et on le ramènera à Paris où le Roi sera enfin jugé pour sa conduite. Et c'en sera fini de la royauté bourbonienne. On pourra enfin penser à autre chose, à une royauté constitutionnelle, par exemple.

La Fayette a durablement manipulé l'admirateur, l'amoureux de Marie-Antoinette, Fersen, autre franc-maçon. La veille du fameux départ, La Fayette se serait présenté dans la chambre à coucher du Roi.

Pour lui dire quoi exactement ? Que tout était prêt, qu'il pouvait compter sur lui ? C'est ce qu'il affirmera dans ses mémoires en 1837, lorsque tout le monde aura oublié l'affaire.

Varennes, à n'en pas douter, prit tout le monde par surprise, sauf La Fayette et Fersen. Elle déconcerta, cette fuite tant attendue – au point qu'on l'avait oubliée –, tous les membres de la Constituante.

Déjà l'air du temps changeait vers plus d'optimisme, plus de modération. C'était, on le comprend, inacceptable, puisque tant de choses, non réglées, restaient en seul devenir.

La Fayette rêvait-il de devenir Washington ?

La question de sa complicité – nous écrirons sa duplicité – est posée à l'évidence par ses propres témoignages, et de ceux qui l'entourent en ce jour de retour de la famille royale.

Et si c'était lui l'instigateur de cette lamentable épopée ?

Madame Roland donnera le ton, sans se tromper de cible : « Il est presque impossible qu'il ne soit pas complice. »

Complice, il le demeurera au gré des évènements, jusqu'en 1815. Mais pas en ce jour de 1791. Il en est l'artisan pour détruire la monarchie bourbonienne.

Il convient d'ajouter, ce qui est fort vraisemblable en cette période de trouble, que l'énigme demeure sur cette fuite/retour. Ce navrant épisode d'une monarchie absolutiste embarrasse tout le monde.

Et s'ils avaient réussi à passer la frontière ? Eh bien, on abolissait la monarchie une fois pour toutes, s'exclament les Jacobins, et on passe à autre chose. Sauf si vous vouliez vraiment une fin absurde, calamiteuse et horrible, qui marquera les esprits.

Comment ? Eh bien vous les laissez s'enfuir, vous les rattrapez in extrémis et vous les condamnez à mort pour haute trahison. Provoquant de ce fait, une fracture bien plus puissante qu'un constat d'échec et une démission.

La préhistoire de l'histoire de Varennes

Bon nombres de francs-maçons s'y trouvent impliqués, dont nous allons examiner les rôles, notamment à partir du lieu exact où se finira cette fuite ou exil ou voyage dans nos belles provinces. Car tout le monde a des idées. Même le comte d'Artois, mais, lui, ce serait plus pour faire tomber dans un piège son frère bien aimé.

Augeard, d'abord, et non par raison alphabétique. Il est un des familiers de Marie-Antoinette, il vivait à Versailles et avait le poste de « fermier général ». Il appartient à la loge « l'Olympique de la Parfaire Estime ».

Marie-Antoinette a une relative confiance en lui. Lui, en revanche, ne croit pas à un départ, même savamment organisé, car il pense qu'il sera fort mal perçu des Français.
Augeard, après 1804, lorsqu'il retrouvera Henri de Bouillé, qui attendra, l'arme à la bretelle, le convoi royal sans bouger d'un cheval, lui demandera, fort ironiquement, qui avait pu le conseiller de mettre « tout un tableau de famille dans une pareille berline ».

Le maire de Paris à présent n'est autre que Sylvain Bailly. Élu pratiquement contre son gré, membre de la loge « des Neuf Sœurs », il n'est pas non plus partisan d'une aventure.

Son adjoint, le marquis de Pastoret, vénérable maître de la loge « des Neuf Sœurs » et membre de la législature, dénoncera plus tard ce qu'il appellera une coupable machination.

Antoine Barnave, loge « Les Amis de la Bienfaisance », protestant, n'aura de cesse d'attaquer Mirabeau, qu'il considère comme « un peu dérangé ». Son rôle semble se résumer – mais on ne sait pourquoi – à être amoureux de la reine, donc de faire en sorte qu'il ne lui soit fait aucun mal.

Il parlera de fuite, en effet, mais dans un contexte particulier – que nous examinerons à part – en compère. Son rôle d'ailleurs est si ambigu qu'il sera arrêté et guillotiné.

Mirabeau à présent, très prompt à retourner casaque. Il a fait voter des lois sur la suppression des privilèges, ainsi que l'adoption de la cocarde tricolore.

Il retournera donc son beau costume pour se porter au secours de Marie-Antoinette, mais pas du Roi. Celui-ci en est quand même averti, et il dut payer Mirabeau pour ses services.

La Reine l'aurait reçu, mais ne lui aurait rien promis. Lui, il suggère, avec sa véhémence coutumière, de fuir vers la Bretagne, et non vers la frontière allemande, car ce serait un délit. Il était membre du club des Feuillants.

Puisqu'il est question du lieu vers où s'échapper, on peut mentionner, comme en passant, que les suggestions n'ont pas manqué au couple royal depuis la Belgique pour d'Artois, l'Italie pour Mercy-Argenteau, la Suisse pour Lally-Tollendal ; et Duquesnoy, conseillant de profiter d'une chasse à Saint-Cloud pour émigrer à travers nos belles forêts.

Ah ! Une dernière idée : profiter de la semaine sainte et de Pâques pour sortir d'une église – laquelle ? – par une porte dérobée.

Marat, autre franc-maçon notoire, membre d'une loge anglaise dès avant 1787, accorde au Roi des circonstances atténuantes en chargeant a contrario sa femme. Il est exact, selon Mona Ozouf[1] que c'est à elle que sont présentés des plans différents.

Comment réaliser une fuite dont parlent toutes les gazettes ?

Le projet du Roi est connu depuis 1790. D'abord, parce que ses tantes, les filles de Louis XV – Marie-Adélaïde et Louise-Victoire – ont fini

1. Mona Ozouf, *ibid.* p. 95.

par gagner l'Italie. L'Assemblée ayant fermé les yeux, les gazettes s'en donnent à cœur joie.

Les révolutionnaires de Paris titrent : « **Les tantes sont parties, à quand le neveu.** » Pour *L'Orateur du peuple*, il s'agit d'un essai préludant à l'enlèvement du Roi.

On peut, avec certitude, traiter ce sujet, voire même tout le sujet avec ironie et légèreté si les évènements qui devaient s'inscrire n'avaient pas été si catastrophique pour la France.

« Faire ses Pâques » va provoquer une première émeute le 18 avril 1791. Alors qu'il a prévu, avec l'accord de La Fayette, de se rendre à Saint-Germain l'Auxerrois pour communier, la foule – probablement là encore avertie – bloque les Tuileries. La famille royale regagne pitoyablement ses appartements.

Et lorsqu'enfin, la nuit du 20 au 21 juin, le cortège royal – Michelet parlera d'un convoi – quitte les Tuileries, c'est la stupéfaction au premier abord. Que l'on en juge par les « témoins » convoqués pour relater ce qu'ils en savent.

Par témoins, il faut entendre une petite centaine de personnes devenues subitement sourdes, aveugles ou muettes : les gardes suisses, les cuisiniers, les porteurs d'eau, les différents serviteurs.

De plus, tous les escaliers, couloirs étaient surveillés, les gardes du peuple dormaient contre les portes des chambres. L'évasion hors des Tuileries est assurément une action d'éclat, mais les heures perdues dans l'impréparation et la nonchalance allaient la faire regretter.

Le roi que Louis XVI n'est plus

Tout, dans la nuit de Varennes porte la marque d'une improvisation. Mais est-ce si sûr ?

La géographie détermine-t-elle l'histoire ?

Car tout à nouveau est soumis à des **si**. Que serait-il arrivé, s'interrogeront historiens et romanciers, **si** la fuite avait été couronnée de succès ou **si** le Roi n'était finalement pas parti ? Louis XVI serait-il revenu, dans les fourgons, de l'étranger, dans le premier cas, en retrouvant la monarchie et y aurait-il eu Napoléon dans le second ?

Pour la petite histoire – car il faut un peu de légèreté à nouveau – l'épicier Drouet[1], qui a « reconnu » si merveilleusement le Roi – pourtant déguisé en valet – finira sous-préfet. Juste récompense, nous semble-t-il, pour un coup d'œil aussi exemplaire.

Alexandre Dumas, lui, écrira qu'en franchissant le seuil de l'épicerie Drouet, Louis XVI montait la première marche le conduisant à l'échafaud.

La petite histoire veut également que Léonard, le coiffeur de la Reine, parti prévenir le marquis de Bouillé des premiers retards, se soit lui-même égaré. Les épisodes burlesques vont s'enchaîner « les uns après les autres ».

Le marquis de Bouillé – six mois plus tôt, non susceptible de participer à cette aventure – se laisse tenter. À cause de l'argent qui lui fait défaut ?

En fait, il commande, dans le secteur de Varennes, les troupes du Royal-Allemand. A-t-il intérêt à accélérer le mouvement ou à perdre son temps ? Malgré ses mémoires fort controversées, nous n'en savons rien.

Varennes est à la fois une pelote d'épingles – où chaque épingle veut à tout prix joué son rôle – et une pelote de laine, dont il est quasiment impossible de trouver le fil directeur.

Fersen en porte une très lourde responsabilité, lui qui, dès le mois de mars, n'arrêtait pas de soumettre au Roi différents mémoires avec des itinéraires fort compliqués jusqu'à la frontière pour finalement abandonner sa « bien-aimée » à Bondy, proche banlieue de Paris.

Il fera route, sans problème, lui, jusqu'à la frontière pour revenir la chercher à Varennes. Mais elle sera déjà repartie sur Paris définitivement.

Le sort des conjurés

« Une neige précoce », nous dit la légende, tomba alors sur les cheveux de la Reine. Elle a effectivement joué sur tous les tableaux, Barnave qui paraît l'aimer, Fersen l'amant de cœur, et le « traître » La Fayette.

1. Il aurait été franc-maçon.

Rien, malheureusement, ne lui a réussi. En face, un marquis de Bouillé attendant, sans trop de fièvre et sans trop y croire, le cortège royal qui aura, lui, pris tout son temps.

Edgar Quinet aura le mot de la fin[1].

Lui, pourtant ardent défenseur de la Révolution, écrit notamment « Le Roi aurait pu prendre la révolution de vitesse » s'il avait pu rejoindre Montmédy à temps, c'est-à-dire Montmédy en territoire français, mais face à la frontière. Il aurait pu aussi revenir, mais dans les bottes des Autrichiens.

Alors les responsables ?

La Fayette, suspecté de trahison, de forfaiture, quitte la France et se met à errer en Europe. Il reviendra en France, pour prendre le parti de Louis Philippe contre Charles X et commandera un « escadron » de gardes nationaux pour déloger ce dernier de Rambouillet.

L'étrangeté de l'existence de La Fayette va donc resurgir brièvement en 1830 lorsque Charles X est obligé de s'enfuir en abdiquant. Qui est chargé par Louis Philippe de protéger son départ ? La Fayette ! Et c'est un Orléans qui va protéger un Bourbon par maçon interposé.

Las, La Fayette n'arrivera pas à composer un petit escadron de demi-soldes. Mais Charles X n'est pas Louis XVI, et la France ne s'en soucie guère. Il pourra tranquillement gagner l'Angleterre.

Mais plus rien de bien sérieux. Il mourra dans l'indifférence générale et sera ressuscité par les Américains en 1944 « La Fayette nous voilà ! ».

Fersen eut un sort curieux. Un coup du sort voulut, qu'à vingt ans d'intervalle, il lâche la Reine au premier relais sur la route de Varennes, sauvant ainsi sa tête de la guillotine, pour finir lâchement, piétiné à Stockholm par une populace ivre de fureur l'accusant d'être un meurtrier. En effet, il est suspecté d'avoir voulu empoisonner le prince héritier Karl August. Le Roi ne fera rien pour le sauver.

En ce qui concerne toujours Fersen, un fait demeure inexpliqué. Il est dans la cour des Tuileries, le 21 juin à minuit, ainsi que deux gardes du corps. Il part donc avec la fameuse berline, et à Bondy la quitte.

1. E. Quinet, *La Révolution*, p. 298.

Pour le disculper d'un certain abandon, on invoque sa fuite par un autre chemin vers la Belgique pour revenir ensuite sur Montmédy et y retrouver sa reine (!). Il lui en sera tenu beaucoup rigueur, malgré ses efforts pour se disculper. À n'en pas douter, s'il avait accompagné la Reine, il aurait vraisemblablement fait forcer l'allure. Alors qui l'a acheté à son tour, lui promettant l'impunité ?

Quant au marquis de Bouillé, il était, en 1790, général en chef de l'armée de la Meuse. Il est chargé, par des émissaires de la famille royale, de ménager « sa fuite ». Assurément, on n'est pas très regardant sur la fiabilité du « passeur ».

Mais s'il est très « tiède » à l'égard de ce projet, il passera simplement la frontière à quelques lieues de Varennes après l'arrestation du roi. Son rôle parut étrange cependant aux émigrés royalistes de Coblence. Il passa alors en Angleterre où il mourut dans l'anonymat en 1800.

Que pense l'Europe de ces péripéties ?
L'Europe, ou du moins les cours royales ou impériales, pensent encore à une Europe des élites qui parlent tous le français. Mais plus pour longtemps.

Personne ne rit de la farce si malencontreusement jouée, ni n'applaudit, ni ne siffla. Seuls pourraient applaudir les adversaires de toujours de la monarchie : les Prussiens et les Anglais.

Nous allons, comme dans l'affaire du collier de la Reine, retrouver nos protagonistes plus tard.

Chapitre XX

D'UN ROI DE FRANCE
À UN ROI DES FRANÇAIS

L'impact de la franc-maçonnerie **dans** la Révolution française est de loin supérieur au poids réel qu'elle représentait à l'aube de 1789.

Il faut donc l'expliquer par des événements majeurs devenus, dès leur origine, incontournables et sans retour. La présence, plus que la participation des francs-maçons dans leur apparition, est non seulement significative mais plus encore déterminante.

Croire, de plus, que les francs-maçons de France ont seuls contribué à faire la révolution serait également une erreur, car le poids des francs-maçons anglais et américains a joué dans les deux sens quand la franc-maçonnerie allemande, unilatéralement, était depuis le départ anti-française.

C'est bien pourquoi ces faits majeurs, car ils aboutirent tous à une conclusion dramatique, méritent qu'on leur fasse une large place dans ce traité.

Sur l'ensemble des profanes, l'influence des francs-maçons dans la Révolution française a peut-être été importante, mais avant que ce nouvel éclairage des événements ne vienne la mettre en pleine lumière.

La chronologie des événements qui suivent, à partir de 1785, ne rend qu'imparfaitement compte du rôle des francs-maçons dans leur ensemble et surtout dans l'élaboration des textes qui deviendront définitifs et constitueront, à n'en pas douter, la bible politique du nouveau régime.

Ainsi en sera-t-il du serment du jeu de Paume, de la nuit du 4 août, de la Déclaration fameuse des droits de l'homme et du citoyen. Puis, tout va alla très vite.

Les révolutionnaires ne veulent plus perdre de temps. En face la monarchie, fort mal soutenue il est vrai par sa noblesse, va au contraire en perdre un, des plus précieux. La présence parmi les maçons des plus grands noms de cette noblesse n'est pas sans rapport avec la rapide démolition de l'absolutisme royal.

Louis XVI, parti Roi de France reviendra de la piteuse expédition, ou fuite de Varennes, roi des Français. Car, là encore, c'est un piège machiavélique dont le maître La Fayette est l'un des protagonistes, aidé, sans le savoir, par d'autres francs-maçons faisant partie de l'autre camp.

Le roi des Français va alors déclarer la guerre – sic – aux puissances étrangères alliées, c'est-à-dire à la Prusse et à l'Autriche, aidées par une autre petite armée, celle des émigrés nommée « l'armée des Princes ».
L'armée française, quant à elle, est dirigée par deux francs-maçons, et en face le duc de Brunswick, lui-même franc-maçon de la maçonnerie templière allemande et propre neveu du duc de Brunswick, haut dignitaire de la fameuse loge « de la Stricte Observance ».

Voici donc, après l'affaire du comte de Saint-Germain, l'insurrection américaine, l'affaire de Philippe Égalité, l'affaire du mariage de Figaro et l'affaire du collier de la Reine, traitées dans une autre partie, quatre autres événements majeurs qui bouleversèrent fondamentalement l'échiquier politique avec d'incalculables et sanglantes conséquences. Donc l'affaire de la nuit de Varennes, l'affaire de la princesse de Lamballe, la bataille de Valmy et les guerres de Vendée.

Ce ne sont pas les seuls, évidement, mais ils éclairent sous un angle inhabituel les péripéties diverses de cette époque tiraillée.

Nous connaissons également le nombre des francs-maçons dans la plupart des sociétés littéraires, politiques, les clubs des Feuillants, des

Cordeliers, dans les rédactions des cahiers de doléances et plus encore dans les réformes inimaginables, cinq ans auparavant, de la presse, de l'esclavage, de la peine de mort.

Nous nous sommes efforcés, non de les citer tous, mais d'en citer les meneurs. Certains nous sont bien connus, d'autres le sont moins. Ils contribuèrent, par leur prise de position dans certains secteurs clefs, à modifier durablement le paysage politique.

Ils influèrent notamment sur l'enseignement, l'école publique, c'est-à-dire débarrassés de toute contingence religieuse. Duport fera certes voter l'abolition de la peine de mort, même si elle ne s'appliqua que cent cinquante ans plus tard. Mais on la lui doit.

De plus, certains francs-maçons, savants, artistes, architectes, firent évoluer les sciences et de leur temps : Monge, Montgolfier, Laplace, etc.

Il est certain que les acquis de la Révolution sont très nombreux. Il est cependant une tache sanglante sur son drapeau. Un million de morts, pour la plupart civils, en payèrent le prix. Ce fut une guerre franco-française.

On ne fait pas une révolution sans courir de risques certains. On est loin, fort loin cependant, de l'optimisme humanitaire de Rousseau, car, lui, n'est jamais descendu dans la rue. Que l'on songe donc à Voltaire et au retournement donné à « l'affaire Calas », qui enflamma l'opinion publique.

De ce fait, la plupart des ouvrages consacrés à la Révolution française et à la participation de la franc-maçonnerie font l'impasse sur ces huit événements cruciaux qui changèrent la face des choses, préférant s'en tenir aux aspects de la littérature prérévolutionnaire, aux idées circulant de l'étranger et à travers les gazettes, au rôle des salons et des cafés à la mode, pour les justifier.

Et pourtant, ces huit faits majeurs défrayèrent à ce point la chronique par l'impact qu'ils suscitèrent au niveau de leurs funestes destinées qu'ils constituèrent, à n'en pas douter, les points d'orgue de l'action véritablement révolutionnaire de la maçonnerie.

Par ailleurs, le rôle d'éminents francs-maçons dans la préparation de certaines manifestations, puissamment aidés par les loges ou les clubs dont ils étaient issus, est à souligner par les lois précisément votées à l'issue de ces manifestations dites des rues.

Elle sont, en vérité, des manifestation de rues, mais indubitablement manœuvrées depuis les loges maçonniques et des clubs, comme celui des Feuillants ou des Cordeliers ou des Jacobins, sans parler bien sûr des parlements de provinces tout simplement, car elles sont, pour la plupart dirigées par des francs-maçons, nobles de surcroît.

C'est ignorer fondamentalement le rôle de cette noblesse dans la préparation révolutionnaire que de ne pas lui accorder la place qu'elle mérite.

Loin de jouer les seconds rôles, elle fut à l'origine de certaines lois qui laissent aujourd'hui rêveur, se concluant par le sciage parfait des branches maîtresses sur lesquelles elle était cependant assise.

Chapitre XXI

L'AFFAIRE DE LA NUIT DE VARENNES II

Lors du retour à Paris

La trouvaille de l'enlèvement

Il faut bien le reconnaître, cette affaire de Varennes tombait au plus mauvais moment, à tel point que les députés de l'Assemblée ne surent pas d'abord quel sens lui donner.

Le premier, Alexandre de Beauharnais, président de l'Assemblée nationale – loge « La Pureté » – donna le ton en parlant d'une conjoncture imprévue, ne sachant comment éviter le scandale.

Il fut suivi par un triumvirat constitué de jeunes talents de la Révolution, dont le chef de files était l'avocat Duport : Barnave – que nous retrouvons donc ici –, Duport donc, loge « les Sept Amis », Orient de Chambéry, l'inventeur de la suppression de la peine de mort – et Alexandre de Lameth, loge « les Indissolubles ».

Le triumvirat – appelé « triumgueux » par Mirabeau – s'évertuait, depuis un certain temps, à modérer la marche vertigineuse de la Révolution française.

Ils prêchaient même contre les inévitables surenchères de la base que certains meneurs, dépassés, affectaient encore de commander, contraints cependant de les suivre.

Aux premières heures de la réunion, les députés sont à ce point sidérés et pétrifiés que la gageure d'un enlèvement fait long feu. Il n'y a qu'à dire aux gazettes et au bon peuple que des anarchistes, des bandits, ont voulu attenter à la vie du Roi en l'enlevant.

Rapidement, les arguments contre cette idée se font jour.
Qui a enlevé le Roi ? Pas de réponse. « Alors parlons d'une absence, un voyage, par exemple », suggère Beauharnais suivi par le triumvirat en question.

Devant une assemblée de plus en plus sceptique au fil des jours, Beauharnais, et surtout Duport, s'efforcent de la convaincre d'un voyage prévu de longue date et qu'à la suite d'un malencontreux imprévu, il a fallu interrompre.

Ils ne cherchent pas vraiment à sauver le Roi de la guillotine, car pour le moment il n'en est pas question, mais de lui rendre ses fonctions, une relative autorité, une certaine liberté de mouvements.

À cet instant, où tout effectivement peut basculer Roederer, autre franc-maçon – mais jouant dans un autre camp ou sa propre partie –, s'écrie : « C'est faux. Il a lâchement déserté. » Roederer est vivement encouragé et soutenu par Robespierre, qui n'entend pas se faire damer le pion.

Danton, qu'on nomme déjà le « Mirabeau de la plèbe », alors surprend avec une phrase qui va sonner le glas de cette tentative de médiation et, disons le mot, de réconciliation nationale. Lui, il a bien vu les failles de la nuit de Varennes et se doute de la complicité – pratiquement obligatoire – que le roi a trouvée.

Il emporta le morceau, pourrait-on dire, avec une véhémence parfaite.

— Monsieur de La Fayette était-il le geôlier du Roi aux Tuileries ?

— Il l'était Messieurs. Monsieur de La Fayette a répondu du roi sur sa tête. Il nous faut donc, – et il répètera cette partie de phrase trois fois –, il nous faut ou le Roi ou sa tête.

Certains comprirent qu'il s'agissait de la tête du Roi, d'autres, pour le moment les plus nombreux, qu'il s'agissait de celle de La Fayette.

Lamarck, franc-maçon, l'homme de confiance de la Reine, fait des allers et venues incessants entre l'Assemblée et les Tuileries. Il rend compte, mais, à chaque entrevue, la famille royale pâlit.

Cazalès, autre franc-maçon royaliste, propose un genre de monarchie à l'anglaise pour en finir avec ce voyage dans nos belles provinces.

Et Lameth, qui fait partie du triumvirat dont il a été question, en fait trop, malgré son ami Duport qui le supplie de s'arrêter, car, dira-t-il : « On est en train de s'enfoncer. » Il va subitement être inquiété, arrêté.

Mais il s'enfuira, lorsqu'on aura découvert, dans la fameuse armoire de fer de Louis XVI aux Tuileries, certains documents compromettants pour certains membres de cette même assemblée.

Le soutien de la plupart des francs-maçons à une monarchie rénovée, inattendue pour le royaume de France du moment n'a pas été sans contre-partie, car certains le paieront cher et devront rapidement cesser leurs activités au sein des clubs des Jacobins ou des Cordeliers, et émigrer.

La raison en était non de soutenir vraiment le Roi, car sa fuite est effectivement un aveu, mais de ne pas se trouver devant un abîme où le spectre de la Révolution française allait apparaître avec ses sanglantes réformes.

Alors l'Assemblée décide, toujours pour limiter les dégâts que la nuit de Varennes fait dans l'opinion de publique, de nommer trois de ses membres pour entendre le Roi sur son « aventure ».

Ces trois, ce sont respectivement Tronchet, Dandré et l'avocat dont il vient d'être question, Duport. Ce dernier aura vraiment tout fait pour éviter le **vide** qui va nécessairement s'ensuivre, après la prononciation de l'inévitable déchéance du Roi.

Il peut y avoir une Nation sans roi, mais pas un roi sans Nation.

Rappelons qu'auparavant, dès connue à Paris, la nouvelle de l'arrestation du Roi chez l'épicier Drouet, la même Assemblée aura rapidement nommés trois de ses membres pour escorter le souverain, lors de son retour, afin qu'il ne lui soit fait aucun dommage.

Là encore, retenons le nom de deux d'entre ceux que nous connaissons depuis le départ mouvementé. Il s'agit respectivement de La Tour Maubourg – royaliste bon teint – et de Barnave, « l'amoureux » de Marie-Antoinette. Tous deux sont francs-maçons.

Mais pour Roederer, l'affaire est entendue. La fuite du Roi le fait redescendre à une folle allure du rang le plus haut à celui de simple individu, Louis de Bourbon.

Danton en rajoute, qui veut à présent la tête du roi, car précisément on fait venir La Fayette. Une huée salue son entrée et Danton a la partie belle :

> « Ou vous avez livré votre patrie, ou vous êtes stupide d'avoir répondu d'une personne dont vous ne pouviez répondre. »

Cependant La Fayette présente sa défense, soutenu par Lameth, qui plaide fort bien. L'Assemblée écoute et paraît à nouveau divisée.

Donc la partie fut loin d'être facile.

Lever de rideau sur le quatrième acte

Il fallut bien, à un moment donné, lever le rideau de la représentation pour qu'elle se joue, ou plutôt qu'elle continue de se jouer. Un constituant notoire – mais non franc-maçon – va peut-être porter le **coup** de grâce à la comédie qui se joue à l'Assemblée.

Il s'agit de François Robert, membre d'un club philosophique, ce qui fait qu'on l'a soupçonné – à tort – d'être franc-maçon. Il s'écria : « Les Français devront rester libres mais sans Roi. » La phrase fit lentement son chemin.

Parlait-il de la Régence chère au duc d'Orléans, qui affirmera de tout son poids, avec Choderlos de Laclos, cette idée le même jour, car pour la première fois, François Robert va prononcer publiquement le mot fameux de « **République** » chuchoté tout bas jusqu'alors.

Robespierre, qui grimacera de ne l'avoir pas trouvé le premier, se gaussa sarcastiquement en disant qu'il ne sait pas ce que le mot signifie.

Marat – franc-maçon de la loge « King Head Jerrad Street Soho », car il fut initié à Londres en 1769 – est le rédacteur de *L'Ami du Peuple* ; il n'y va pas par quatre chemins :

> « La farce qui se joue à l'Assemblée est excellente. Il faut cependant y mettre un terme. C'en est fini de rire. »

L'Orateur du Peuple, *Les Révolutions de Paris* et les autres gazettes lui emboîtent le pas. La pièce est jouée ? Alors que nous n'en sommes qu'au lever de rideau. Mais **sur le dernier acte**.

L'abbé Grégoire – franc-maçon connu et président de la Société des Amis des Noirs – écrira, à sa manière, dans ses mémoires publiées au XIXe siècle : « Paris fut calme. » Il se trompe. Le retour du Roi fut tout sauf calme, car la populace ne délogera pas des grilles des Tuileries pendant deux semaines.

Personne ne veut rien

Paris peut-être, mais pas la Province. Avec le recul des nouvelles, elle est beaucoup plus réceptive qu'on ne le croit à l'idée d'un monarque abandonnant et le navire et son pays.

Deux autres faits montrent que la province n'a pas toujours compris ce qui se passait.

Le premier est à imputer à Olympe de Gouges, dont il a été question dans les « sœurs », qui ont participé aux évènements. Elle n'est pas, bien entendu, en faveur du roi et se lamente, à Montauban : « Pourquoi l'as-tu fait ? » n'hésitant donc pas à le tutoyer, comme avec un autre « frère » qu'il n'est pas.

Le second est révélateur des stratagèmes imaginés pour sauver le roi lui-même et la fragile Constitution. Il émane du quotidien *Le courrier des 83 départements* qui suggère à mi-voix que le Roi aurait pu succomber lors d'une contre-attaque de hussard de Bouillé à Varennes.

Il en aurait été fini alors de ces galéjades. Le Roi mort dans de très pénibles circonstances, c'était, d'une part, la paix rendu à sa mémoire et, d'autre part, la possibilité de continuer d'une façon non anarchique, ce vers quoi d'ailleurs on s'acheminait.

Brissot – loge « La Fidélité » – Pétion et Vadier – loge de Nostradamus à Pamiers – proposent alors la déchéance du roi, soutenus, hélas, par la fraction orléaniste des Jacobins et donc le soutien sans équivoque de Philippe Égalité. Desmoulins, franc-maçon, suggérera à son tour, avec à nouveau Brissot, l'instauration d'une République.

La Bouche de Fer, autre gazette, résume fort bien la situation[1] :

« Personne ne veut rien. »

Qu'est-ce à dire ?
Ni La Fayette ni Orléans, ni dictature – celle de Marat – ni de protecteur à la manière hollandaise, ni république...
Personne ne veut rien. Très bien... Mais il faut quand même terminer le quatrième et dernier acte.

Desmoulins proposera, sans ironie, de reconduire gentiment le Roi à la frontière pour le remettre à une quelconque armée étrangère. Et il le dira sans honte. Fondateur du club des Cordeliers, il était, lui aussi, membre de la loge « des Neuf Sœurs ».

Le rôle de Barnave

Antoine Barnave, protestant, appartient donc à la loge « La Bienfaisance ». Il est très pieux.

À quel moment le franc-maçon Barnave est-il tombé amoureux de la Reine ? Lui qui sera guillotiné en pleine jeunesse. Il s'est acquitté, avec ce rare bonheur, de deux choses contradictoires. Il a fait le voyage retour de Varennes en compagnie de la Reine et il va plus ou moins défendre, sous fourme de provocation, la fuite du Roi.

Que suggère-t-il à l'Assemblée lorsqu'il rend compte de l'interrogatoire de Louis XVI ? Avec une grande passion veut-il sauver la Reine ?

Il invente une nouvelle hypothèse qui, un temps, sera bien accueillie : celle d'un voyage librement arrêté par le Roi pour prendre le pouls de ses

1. L'éditeur en est Robert, plus ou moins sympathisant maçonnique, et surtout sa femme Mme Keralio.

provinces et de son royaume. Voyage d'études propose-t-il donc, pour que le Roi puisse réfléchir.

Stendhal parlera de Barnave comme d'un jeune homme ressemblant à son « Julien Sorel », pétri de contradictions, mais s'enflammant très vite pour une cause ou pour une femme.

L'humiliation, les humiliations répétées qu'a subi Marie-Antoinette l'ont touché profondément. Sa correspondance avec Marie-Antoinette en témoigne[1].

Il essaye, mais en vain, d'expliquer à la Reine ce qu'est vraiment la Révolution et doit reconnaître devant ses amis francs-maçons Lameth et Duport qu'il n'y est pas parvenu. Il y a, de la part de Marie-Antoinette, une violente réticence mentale à l'accepter.

À l'Assemblée, pour sauver la Reine, Barnave n'hésitera pas à dire que les traits personnels d'un monarque **n'ont rien à voir avec son utilité**. Ce fut, aux dires des gazettes, un éblouissant tour de force ou de passe-passe.

Une étourdissante plaidoirie en faveur d'un roi constitutionnel, **pourvu qu'il y en eut un**. Mais il n'y en avait pas.

Mona Ouzouf, déjà citée, aura un mot très élégant pour le qualifier : « Il a cherché à immobiliser le temps révolutionnaire pour que tout puisse se dérouler dans le calme[2]. ». Pour un peu, elle reprendrait à son compte la phrase célèbre des communistes : « Il faut savoir terminer une grève. »

Il aura une autre phrase devenue célèbre : « Si nous continuons la Révolution, vous ne récolterez, parce que vous l'avez cherché, que l'**adhésion de la peur**. Et alors craignez-la. »

Il retournera à l'Assemblée au terme de cette étonnante plaidoirie pour l'inviolabilité de la personne royale et à travers elle une monarchie constitutionnelle, mais il ne résistera pas à la bourrasque déclenchée par Roederer et Robespierre et sera emporté par elle.

1. *Marie-Antoinette et Barnave – Correspondance secrète – 1791/1792*, Armand Colin, 1934.
2. Mona Ouzouf, *ibid*, p. 201.

Chapitre XXII

L'activité des principaux clubs

Le club des Jacobins

Un club politique n'est pas une loge, sauf si la plupart de ses membres, dont ses fondateurs, sont francs-maçons.

Le club des Jacobins doit son nom à son installation par ses fondateurs dans l'ancienne bibliothèque des Dominicains, rue Saint-Jacques à Paris. Mais au départ, il s'est agi seulement d'une association de députés bretons – dont Le Chapelier, Glezen et Lanjuinais – qui avaient pour nom « Société des amis de la Constitution ».

À n'en pas douter, Mirabeau va dominer ce club jusqu'en 1790. Si au départ, il ne comptait que deux cents membres, son recrutement fut rapide puisqu'en 1789, il recensait plus de mille membres. Tous les ténors de la période franc-maçonne, de surcroît, en font partie : Lameth, Barnave, La Fayette, Pétion...

Il essaime en province et cent cinquante filiales voient ainsi le jour, et se dotent d'un magazine, *le Journal des Amis de la Constitution,* fondé par Choderlos de Laclos.

La fuite du Roi en juin 1791, puis la fusillade du Champ-de-Mars entraîne une scission et Barnave, suivi par des modérés, va s'installer au club des Feuillants.

L'échec du club des Feuillants

Au lendemain de Varennes, parmi les francs-maçons les plus modérés, quoique les plus actifs, se forme l'idée d'une scission avec les Jacobins.

Barnave, Lameth, Duport – bien connus à présent de nos lecteurs – suivis par Le Chapelier, La Tour Maubourg, s'installent dans l'église du couvent des Feuillants, à côté de la salle du Manège.

Ils veulent réunir, plutôt neutraliser, d'abord les royalistes intransigeants et rallier la droite modérée, et isoler à gauche les « démocrates » des députés patriotes. Surtout pour venir à bout des sociétés révolutionnaires qui menacent, par leur débordement, la légitimité de l'Assemblée et son indépendance.

Trois attitudes : la cour dans une complète apathie, ne répond même pas, les partisans d'une monarchie Constitutionnelle sont de moins en moins nombreux, et les extrémistes jacobins sont plus radicaux que jamais.

Le tort des « Feuillants » aura été – malgré leur autorité intellectuelle – de n'avoir pas compris qu'ils avaient eu près d'eux des patriotes légitimistes à tout crin, et aucune légalité. Ce qu'a parfaitement compris Robespierre, pour qui la « terreur des piques » vaut mieux que n'importe quelle loi.

Pour lui, et le mot fera le tour du Paris politique, les « Feuillants » ont à leur tour émigré. Par là, il les condamne d'avance. À son tour, il parlera de complot. Décidément, le terme fait désormais partie du langage politique.

Barnave et consorts tiennent cependant pour acquis, et pour acquis définitif, que la Révolution est largement dépassée. Les évènements vont leur donner raison à nouveau. Et pourtant Duport n'est pas tendre avec l'Ancien Régime, ce qui devrait le dédouaner lui et ses amis.

Mais la machine de guerre, doublée de l'échafaud, est désormais en route. Lui et ses amis seront traités d'aristocrates, ce qui, dans la bouche d'un sans-culotte, équivaut à « traître à la Nation ».

La Révolution française les laissera donc sur le bord du chemin qu'ils avaient cependant commencé à tracer, et la paix derrière elle balaiera leurs songes creux, eux les derniers modérés qui voulaient seulement le bonheur de l'Humanité.

Ou peu s'en faut.

Brissot devient également chef de file du club, partisan de la guerre révolutionnaire qu'il faut exporter à tout prix. Ses partisans vont s'appeler les Girondins[1]. Il est suivi par Collot d'Herbois, Desmoulins et d'autres francs-maçons.

Le club des Jacobins se mue donc graduellement en comité révolutionnaire, à un point tel qu'en juin 1793, les insurrections lui sont, sans contestation, imputées, mettant ainsi hors la loi les Girondins.

Robespierre, qui dirige pratiquement les Montagnards – assis en face des Girondins, d'où leur nom – est, lui, contre la guerre, et craint la dictature militaire, mais il est isolé, car en août 1792 – quelques jours avant Valmy – la déchéance du Roi est proclamée.

Sous la convention, le club prend le titre de « Société des Amis de la Liberté et de l'Égalité ». Tout va très vite alors. Les meneurs girondins sont arrêtés, car leur influence est à présent considérable : cinq mille clubs en province pour cent mille adhérents.

Ce chiffre est vraisemblablement trop élevé. Mais le vent tourne à nouveau. Le 8 thermidor, Robespierre veut s'emparer de la tribune pour haranguer ses fidèles et il est arrêté à son tour.

Sa chute entraînera très vite la fin des Jacobins.

---

1. Leur nom viendrait, en partie, du fait de l'appartenance de certains députés à la région de Bordeaux.

Chapitre XXIII

PETIT DICTIONNAIRE DE LA RÉVOLUTION

La fête, le sans-culotte, le langage

La fête révolutionnaire

Quel spectacle aujourd'hui se croit achevé s'il n'a réussi à être une fête ?

Les fêtes nationales envahissent le paysage de la Révolution française très tôt, mais non point, comme par le passé, dans une saine intention restauratrice marquée seulement par la nostalgie.

Ici, il fallait honorer les survivants en haïssant les despotes morts pour que coule enfin le sang de la Révolution. Les fêtes révolutionnaires l'ont été pour illustrer leurs victoires sans trop souci de folklore. Voilà en quoi la fête révolutionnaire diffère insolemment des autres.

Jadis, la fête s'arrêtait largement sur le passé pour le ressusciter en partie.

Ici il convenait de préparer l'avenir à certaines libations. La fête répétitive des siècles précédents manifestait, certes, une pédagogie purement temporelle.

Ici, au contraire, le souci est de seulement bien porter témoignage de la fin d'une histoire. Car la fête révolutionnaire clôt un cycle historique. Elle se veut, elle aussi, en partie éducatrice, mais destinée à effacer d'un seul coup vingt siècles de l'histoire de son pays. Elle se prépare donc à une lutte assez dure.

Y parviendra-t-elle ? Rien n'est moins sûr, à part le 14 juillet. Mais c'est suffisant pour les thuriféraires de cette fête. Voilà donc condensés, en un seul jour, tous les méfaits des mérovingiens jusqu'aux Bourbons et ce n'est déjà pas si mal. Mais pour concrétiser les faits, seule demeurera cette dernière de juillet.

La systématisation des autres fêtes révolutionnaires ne résistera pas à l'épreuve du temps, celles où l'on manifestera, grandeur nature, les représentations de la famille royale afin de la clouer plus sûrement au pilori. Mais si l'on fête le 14 juillet, on fêtera plus tard, également, le 21 janvier, anniversaire de la mort du Roi. Nulle comparaison, bien sûr.

Pour bien signifier la fin d'une histoire, on parlera quelques années encore du Capet, pour bien marquer la prédiction que n'auraient pas désavouée les Templiers.

L'insulte carnavalesque rejoindra ici la fête des fous ou celle des ânes du Moyen Âge. Il est toujours question du Capet au fil des ans, mais on aura oublié Louis XVI.

Peut-on parler de fêtes, alors qu'il ne s'agit que d'actes de vengeance ? Car les coupeurs de têtes autoproclamés vont, à partir de septembre 1792, se compter par milliers[1].

Qui, en définitive, a puni qui ?
Est-ce seulement le triomphe de la vérité sur l'absurdité ?

Ce serait trop simple et trop réducteur. Et toutes les imprécations à l'égard du tyran – qu'il n'aura jamais été – deviennent et dévoilent seulement une lâcheté héroïque, tout comme une peur irrationnelle de son retour. Du freudisme à l'état pur.

---

1. M. Winock, *1789, l'année sans pareille*, p. 166.

Le buste de Marianne remplace donc le portrait du monarque. Plus ou moins anonyme, ou plus ressemblant à une célèbre actrice. Mais qu'importe. Est-ce pour autant une icône ou une idole ?

Allons, la fête fera toujours son plein à la Bastille.

Le sans-culotte

Le « sans-culotte » est-il mort en 1795 ?

Le mythe correspond à tous les massacres à partir de 1789. L'identification politique les rattache aux vainqueurs de la Bastille. Sont-ils des marginaux pour autant ?

Le sans-culotte est un être grégaire. Il lui faut de la compagnie. La tactique de l'orateur sans-culotte est de représenter son peuple et surtout son quartier, et basée sur la fraternité.

Serait-il franc-maçon ?
Les sociétaires sans-culottes échangent, il est vrai, des baisers fraternels. Et il faut un vêtement les distinguant des autres : le pantalon, la carmagnole, des bretelles, des sabots, un bonnet rouge et la cocarde tricolore.

Il aime les scrutins, mais non fermés, c'est-à-dire à main levée pour mieux distinguer les brebis galeuses.

Fraternel, il n'est pas pour autant tolérant, car il porte une haine viscérale à son prochain « l'Aristocrate », qui n'est même pas humain (sic). L'égalité, c'est fixer arbitrairement le prix de tout, des denrées, comme des salaires, les bénéfices du commerce aussi. L'inverse du libéralisme bien compris.

L'indignation du moment est un puissant ressort à renouveler en permanence et importe mieux que la faiblesse tactique. La pique est l'instrument symbolique d'un militant en marche avec cette phrase qu'ils ont beaucoup à la bouche : « **Y a-t-il guillotine aujourd'hui ?** ».

Un certain fonctionnarisme se fait peu à peu jour avec des délégués autoproclamés et qui gèrent les décisions. Peu d'entre eux partiront aux armées, alors que les quartiers lèvent des « sectionnaires » jusqu'au nombre des 100 000, chiffre vraisemblablement exagéré.

La sans-culotterie s'effondrera l'hiver terrible 1793-1794, le mouvement s'effritera avec le retour inévitable à l'ordre. On condamnera, à juste titre, sa rhétorique boursouflée, son refus de toute modernisation.

Il appartient au passé, même s'il fut excessivement dangereux. Un soufflé. Mais qui ne demandera qu'à repartir à la première occasion. On en verra les restes en 1871 avec la commune de Paris.

Ni fraternel, ni égalitaire, ni tolérant, ni libertaire, avec un atout, le langage : exemple Sieyès et Marat.

Sieyès

L'abbé Sieyès fait partie de ces francs-maçons qui, par leurs écrits, influèrent considérablement sur l'évolution des mentalités, notamment *Qu'est-ce que le Tiers-État, Essai sur les privilèges.*

Ce sont, à n'en pas douter, des discours révolutionnaires, apparus dans un contexte très favorable avec une nuance de taille par rapport à d'autres discours. C'est que, là, le lexique employé est d'une rare force explosive.

Il serait inutile d'aborder la Révolution française si l'on ne prend pas en compte ce genre de facteur. Par là, Sieyès ne prend peut-être pas le contrepied de Rousseau ou d'autres philosophes, mais il leur est radicalement opposé par le ton délibérément violent.

L'apparition du langage révolutionnaire date véritablement de Sieyès, qui fut, en tant que franc-maçon, un précurseur en ce domaine.

Ce serait également faire preuve de crédulité que de ne pas voir – dans un autre chapitre, les personnages dont la biographie est sommairement décrite – des acteurs éminents de cette Révolution française.

Car, c'est à Sieyès que l'on doit sa déclaration parlementaire du 25 septembre 1788 réclamant – et le verbe n'est pas trop fort la convocation des États généraux. Le personnage s'exprime ainsi qu'un général sur un champ de bataille.

Pour Sieyès, et c'est écrit en toutes lettres dans *Qu'est-ce que le Tiers-État ?*, **l'histoire de France est une histoire politique** de l'**oppression**, de l'**usurpation** et de l'**expropriation**. La seule manière de faire appel à l'histoire, c'est de revenir à un point zéro.

Donc il est un fervent partisan de l'action politique. Quand à l'*Essai sur les privilèges*, il dénonce pêle-mêle l'incompatibilité de ces biens avec le libre-échange, l'honneur véritable qui ne découle pas d'un roi, etc.

Il cherche à anéantir le fondement culturel de l'Ancien Régime, le Tiers-État devant devenir la réalité nationale. De ce fait, il serait vain de nier la participation de Sieyès dans l'effondrement de la monarchie.

Le mouvement révolutionnaire le propulse évidemment tout en tout de l'échelle, d'où il fallut redescendre, étant attaqué, comme il se doit, de toute part. Il survécut à la Terreur.

Ses idées ont nécessairement évolué avec le cours violent des évènements. Il essaye d'en modérer le ton, mais ses mises en garde, notamment lors de la Constitution de l'an III, ne furent pas suivies.

Il fit preuve alors d'une remarquable habileté politique avec une souplesse auquel son caractère ne le prédisposait point, car, le 18 Brumaire, il présidait – quelle ironie… – le transfert de pouvoir mettant désormais Napoléon à la tête d'une nouvelle dynastie, lui qui n'eut pas assez de mots violents à l'égard de la précédente qu'il avait si bien contribué à faire chuter.

Marat

Marat doit être jugé équitablement au tribunal révolutionnaire des francs-maçons. En fait, la tâche est impossible.

Pourtant, jusqu'en 1787, il vécut paisiblement, comblé d'honneurs, franc-maçon installé à Londres depuis 1777, savant physicien, etc., il obtint du comte d'Artois de servir dans un de ses régiments comme officier.

Mais, en 1788, tout change avec ses fameux écrits. Il s'affiche au club des Cordeliers et tournera le dos aux progrès, même de la maçonnerie. Il n'hésita donc pas à attaquer ses collègues, tels Monge, Lacepède – autres francs-maçons – pour leur manque de pugnacité et d'idées éclairées.

Il va, à présent, précéder l'échafaud en devenant l'un des plus sanguinaire des Montagnards, au point qu'il est, à plusieurs reprises, suspecté, arrêté, libéré, etc.

Il aura cette phrase terrifiante :
« Il faut à la Nation 270 000 têtes de plus. »

Il va, à présent, sombrer dans la plus complète paranoïa, dénonçant à tout vent tout ce qui bouge, même Robespierre, Roland…

Sa fin va vite approcher. Il est très proprement assassiné dans sa baignoire par une gamine qui n'était pas la Charlotte Corday des images d'Épinal. Elle s'appelait en vérité Marie-Anne-Charlotte de Corday d'Armont, et elle accomplissait un acte de vengeance.

Elle fut elle-même surprise – lors de son procès vite bâclé – de la facilité avec laquelle elle s'était rendue chez lui et introduite dans la salle où régnait une baignoire.

Bien sûr, elle fut guillotinée le surlendemain, mais Marat ne fit pas honneur à la maçonnerie pour autant.

Chapitre XXIV

L'AFFAIRE DE LA NUIT DE VARENNES III

Épilogue

Barnave sera parmi ceux qui – francs-maçons – tentèrent de marquer l'inutile poursuite d'une révolution qui vient de détruire très rapidement tout ce qu'il y avait à détruire.

Et pour parler d'égalité, il utilisera des mots très simples : la propriété est désormais menacée – quelle que soit son origine – par la passion des masses qui réclament, si on les laisse faire, toujours plus « d'avantages palpables ».

Or, Varennes, malgré le talent de Barnave et de ses amis, loin d'arrêter la Révolution, au contraire en accélère le mouvement. C'est bien pourquoi nous l'avons étudié à ce point.

Le roi des Français, ramené à Paris, n'est plus le bon boulanger ramené de Versailles quelques mois plus tôt.

Car la rue, habilement diabolisée par des meneurs, veut que le Roi soit jugé, c'est-à-dire condamné. Danton, jamais à court et d'une bonne idée et d'une bonne phrase, l'emportera avec celle-ci : « Il faut le considérer comme mort pour la monarchie ». Les Jacobins lui emboîteront le pas en proposant la suppression du « nom absurde » de reine.

On le voit, la cause est perdue d'avance malgré l'habileté des défenseurs francs-maçons, d'autant que Brissot dénonce, liste en mains, les Jacobins qui, secrètement, veulent encore d'un parti monarchique.

Ainsi l'épisode de Varennes aura-t-il, à nouveau, opéré une scission des plus graves parmi les francs-maçons, car il aura fait sauter un **verrou affectif**, comme l'écrira joliment Mona Ouzouf[1].

Si les francs-maçons s'y perdent, sans parler de leurs contemporains, c'est qu'ils ont en mémoire l'insurrection américaine qui a réussi sans pogroms à installer un régime républicain valable.

Pourquoi cela ne prendrait-il pas chez nous, se demandent-ils, après la nuit de Varennes ? L'inoculation américaine d'une rébellion ouverte, armée, et réussie, pourquoi ne prendrait-elle pas chez nous également ?

La Nation vient de se substituer au royaume. On passe du boulanger à un roi qui vient de passer à l'ennemi, d'un Roi de France devenu un roi des Français et d'une Nation tout court à une Nation républicaine.

On dira qu'il ne s'agit que d'une question de vocabulaire ou de lexique, bien sûr. Or, Madame Roland écrira que le mot « République » a, lui aussi, voyagé avec le convoi de Varennes.

Les francs-maçons vont peu à peu se détourner de la monarchie, d'abord pour son incompétence, de la Nation ensuite, car ils prévoient le pire et ils auront raison, et vont émigrer. Ceux qui ne le feront pas sont déjà suspects.

L'occasion manquée de Varennes fut donc une superbe occasion pour l'approche républicaine. On pouvait désormais se passer du roi, et les efforts de Lameth jusqu'au dernier moment ne servirent à rien.

Duport, fort clairvoyant, dira à ses amis que la Révolution vieillit, que son enthousiasme décline rapidement et tout se met en marche pour une République assurément sanglante.

---

1. *Ibid.* p. 226.

Condorcet ne va certes pas changer de camp, mais sa religion est faite. Il plaide encore dans son journal *Le Républicain* pour une république vertueuse, sans toujours y croire.

Et Laclos, toujours à l'affut d'un mauvais coup pour son patron d'Orléans, dans son *Journal des Amis de la Constitution*, n'y va pas par quatre chemins. La royauté est finie, vive la liberté et la République avec, toutefois, à sa tête, Philippe Égalité et il a ce mot, véritablement juste : « **le Roi a conspiré contre le Roi.**»

Les francs-maçons se frictionnent entre eux, témoin le duel de Barnave avec Condorcet. Le premier traitant le second de « pâle penseur de cabinet, savant en géométrie, illettré en politique[1] ». Brissot, inversement, volera au secours de Condorcet.

Il reviendra à Dumas d'immortaliser les amours[2] – fort hypothétiques – de Marie-Antoinette et de Barnave. Lavedan et Lenôtre feront des amours noués à Varennes un quatuor inattendu : Fersen plus Barnave et, en face, Marie-Antoinette plus Madame Rochereuil (c'est-à-dire, Fersen a deux amours, lui)[3].

Fort heureusement, il n'apparaît pas que le Marquis de Bouillé – héros de l'indépendance américaine – (sic) ait été franc-maçon de l'un ou l'autre camp, car son attitude est des plus surprenantes. C'est lui, révolutionnaire bon cru – n'a-t-il pas maté une rébellion à Nancy – que les émissaires du Roi chargent de sa sécurité près de Montmédy. C'est pourtant le dernier à y arriver.

De plus, il n'arrivera à Varennes avec son régiment, le Royal Allemand, que lorsque le Roi sera déjà sur le chemin du retour, escorté par un peloton de cavalerie qui surgit fort inopinément, ce qui permettra à quelques éditorialistes du siècle suivant d'écrire, paraphrasant Waterloo :

> « C'est Grouchy arrivant à l'heure ! »

Bien sûr, il y eut quelques hussards sans commandement et qui ne s'opposèrent pas à l'arrestation du Roi.

---

1. *Ibid.* p. 260.
2. Dumas, *La Route de Varennes*.
3. Mme de Rochereuil ne serait autre que la dame d'honneur de Marie-Antoinette, c'est-à-dire Mme de Tourzel.

C'est bien pourquoi, dans la pièce de théâtre *La Nuit de Varennes*, le livret a bien été écrit, distribué et la prise de rôle conforme à ce qu'on attendait des acteurs.

Le marquis de Bouillé et ses fils jouèrent l'Arlésienne, se dédouanèrent, « n'étant pas au courant» et n'étant même pas à Varennes, tous préoccupés qu'ils étaient de la position des armées ennemies. Mais personne ne les crut.

Mais, c'est ainsi que l'on écrit l'histoire.

Chapitre XXV

D'un Royaume à une Nation

Bien sûr, il y a les idées qui circulent, véhiculées par les gazettes, les rumeurs multipliées par les pamphlets, les mécontentements qui se lisent sur les visages et dans les cahiers de doléances.

Bien sûr, les salons littéraires se mettent au gout du jour, c'est-à-dire prennent parti, les cafés du Palais-Royal – acquis d'ailleurs par le duc d'Orléans décidément antimonarchiste – font des émules en province, où entre deux tasses de chocolat, on discute à perte de vue.

Bien sûr, le nombre des loges maçonniques avoisinent les sept cents, qu'il s'agisse de celles du Grand Orient, des loges reconnues par l'Angleterre, de celles situées à bord des navires, etc. et où se discutent les idées de liberté…

Mais sans les grands évènements dont il est question dans cet ouvrage et que l'on aurait grand tort de prendre – et de laisser – pour anecdotiques, jamais la Révolution n'aurait pu ni éclater ni se propager comme un feu impossible à arrêter.

Ce serait un grave délit que d'affirmer que la franc-maçonnerie, dans sa globalité – c'est-à-dire **française**, **anglaise**, **allemande** et **américaine** – l'a véritablement provoquée, mais elle y a délibérément participé. Même si, assez rapidement et plus tardivement, des francs-maçons ont abandonné leurs idées, car les voyant pour beaucoup corrompues, viciées, certainement polluées.

Bref, ils émigrent, passent à l'ennemi et plus tard à Napoléon, reviennent, mais pour la combattre. Un assez grand nombre, et d'ailleurs des plus connus, montent sur l'échafaud, sont décapités à la hache, torturés ou fusillés.

Comme on peu le voir, la « vertueuse » révolution américaine et les révolutionnaires américains ne jouaient pas dans la même cour que les Français.

Examinons le fil directeur de ces évènements et leur immédiate conséquence sur le sort de la monarchie bourbonienne.

Le siècle des Lumières des philosophes, des occultistes aussi, va se terminer dans les années 1776. Une franc-maçonnerie spéculative va céder ses colonnes à une maçonnerie opérative.

Mais Paris, qui est encore une fois à la mode, mais pour peu de temps, n'a d'yeux que pour le comte de Saint-Germain, reçu immédiatement à la cour de Louis XV. Il donnera, dit-on, de précieux conseils à la Pompadour et au roi, qui ne seront cependant pas suivis.

Louis XVI prend parti pour l'insurrection américaine pour des motifs n'ayant rien à voir avec le désir de liberté des insurgents. Vergennes et son Gouvernement veulent, enfin, se payer les Anglais après le désastreux traité de Versailles du règne précédent. Ils réussirent leur coup, mais ce coup leur reviendra en pleine figure.

La cour va « maçonner » à tout-va et le nombre de loges s'accroît avec une jeune noblesse avide de renverser des dogmes et des tabous. Le premier révolutionnaire, dans ces conditions, pourrait bien avoir été le Roi, pourtant avide de découvertes. Ne demande-t-il pas, depuis sa prison du Temple, des nouvelles de La Pérouse ?

Le Mariage de Figaro, interdit pour de justes raisons, car il est un théâtre politique, va donner l'occasion d'un premier suicide de la noblesse française, à commencer par la Reine elle-même qui s'est adjugé le rôle de Rosine dans la pièce qui, bien qu'interprétée publiquement, se joue à Versailles en catimini, pense-t-elle, alors que c'est un secret de polichinelle.

Le comte d'Artois qui, d'évidence, n'en aura jamais pleinement conscience, joue Almaviva, qui veut exercer son droit de cuissage, qui est finalement bafoué, roulé dans la farine par Figaro, qui n'est autre que Beaumarchais et le peuple français.

La scène du bosquet, où il prend sa femme dans un pavillon, croyant qu'elle était Suzanne, est un chef d'œuvre de duperie. L'ancien Régime se fait duper et il s'en faut de bien peu pour que la Comtesse, rouée, maligne et fort consentante, ne devienne la maitresse et de Figaro et de Chérubin. La cour n'a rien compris au sujet.

Mais le peuple de Paris – sans compter les cours étrangères, *Les Noces de Figaro* de Mozart sera joué en 1785-1786 à Vienne, soit à peine un an après la Comédie-Française – a très bien vu et vu clair. On peut désormais se moquer **ouvertement** des privilèges de la noblesse, pour la condamner d'abord et la supprimer ensuite.

La monarchie décline doucement. Les ferments révolutionnaires sont maintenant bien en place.

Le troisième acte est une faute majeure dont les réels complices ne seront jamais dénoncés, ni la manipulation correctement analysée, encore moins élucidée. Tous les auteurs ayant « planché » sur le sujet y ont perdu leur latin. Toutes les hypothèses ont été avancées, torturées, renversées. Nous avons-nous-même présenté ce dossier.

Mais sa finalité saute aux yeux de l'opinion française. Lorsque le Parlement acquitte Rohan et Cagliostro, il fait plus que les acquitter. Il prononce une condamnation qui n'est pas encore une condamnation à mort puisque, pour tout le monde, si ce ne sont ni Rohan ni Cagliostro les coupables, c'est **forcément** la Reine qui l'est.

Car sans elle, sa fausse présence, son apparente crédulité, son aversion pour Rohan – elle n'avait pas treize ans lorsqu'il aurait jeté son regard sur elle à Vienne – la désigne tout court. Ainsi que ses folles dépenses.

Les « chansonniers » de l'époque ne s'y trompèrent pas, qui, sitôt qu'ils connurent le prix exorbitant du collier et la remarque sur la construction d'une escadre, ricanèrent en disant qu'en ce cas le vaisseau amiral devait s'appeler « Le collier de la Reine ». Ce sont des mots qui tuent.

L'une des dames de la famille Rohan[1], famille princière et très unie, a une phrase qui fera le tour de la France : « Avec les 1 600 000 livres qu'aura coûté le fameux collier, on aurait pu se construire une nouvelle escadre.»

Ce n'est plus aux favorites qu'on impute les folles dépenses, mais à la Reine, alors que couve toujours la guerre des farines. Alors qu'importe que la Reine n'ait pas délibérément ou inconsciemment participé à ce jeu du bosquet, elle en ressort coupable.

La monarchie a, là, perdu une bataille et la défaite est sévère. Mais pour l'instant, **on** est toujours à la tête du royaume, même si son fauteuil royal vacille fortement. Le roi n'en a cure, lourd, balourd, aveugle, etc. Certains diront : « Mais c'est un brave homme, oui c'est vrai c'est un brave homme de mari et de roi. »

Mais ce n'est déjà plus Louis XIV, tant s'en faut, ni Louis XV à qui jamais une favorite, encore moins une reine, n'aurait pu dicter leur conduite, même si les favorites ont fait nommer ou disparaître quantité de ministres.

« La généalogie des Bourbon commence à perdre ses membres au niveau royal de sang divin. » On peut bien accuser le Roi, ou peu s'en faut, de couardise, dans la question de sa femme, sans être embastillé. Les lettres du cachet et les exils au fond d'une province, symboles de la puissance royale ont déjà disparu.

On peut ainsi suivre, à partir des erreurs – politiques pour l'insurrection américaine – et politiques à nouveau, pour les folles dépenses, le lent déclin de la monarchie.

En janvier 1791, Louis XVI est toujours **Roi de France**, avec deux majuscules, mais en juin 1791, il reviendra de sa folle nuit de Varennes, **roi des Français** avec une seule majuscule pour les Français.

Que s'est-il passé en dehors de la funambulesque aventure de Varennes ?

Stefan Zweig sera un des premiers à écrire le changement entre « Roi de France » et « roi des Français ». Il indique dans son ouvrage – sans complaisance pour Marie-Antoinette – qu'au XVIIIe siècle, c'est-à-dire

1. Étant proche de la du Barry, c'est même elle qui la présente à la cour.

jusqu'à la Révolution française, en Europe, **on ignore et le concept de nation et le concept de patrie**.

La France est un royaume qui appartient au seul roi. Dans ces conditions, lorsque le Roi « s'enfuit à Varennes », il ne trahit pas la Convention. Il quitte momentanément son royaume, comme un de ses arrière-grands-pères Louis XIV lors de la Fronde. Il s'agit là d'une fronde un peu plus sérieuse, mais c'en est une quand même.

Et c'est pourtant là la seule explication valable consentie par Louis XVI lorsqu'il fut interrogé par un trio de questeurs. L'ahurissement de ce trio n'eut d'égal que celui du Roi soupçonné de trahison, alors qu'il ne faisait que se mettre à l'abri de Paris, comme son aïeul Louis XIV.

Le retour est violemment perturbé, car d'une façon inattendue – et pour cause – on aura demandé à la population de s'aligner depuis les portes de Paris jusqu'aux Tuileries pour lui faire un triste cortège en silence. C'est ainsi qu'il est consacré dans sa nouvelle fonction. Il est désormais roi des Français. Il aurait pu passer un cran plus loin et devenir roi constitutionnel des Français à la mode anglaise.

De Versailles, également, ses appartements ont changé. Il est confiné aux Tuileries avec défense d'en sortir. Il est toujours libre, mais ne peut pas bouger. Il n'est pas encore accusé, mais il a compris qu'il était « prisonnier » et « roi des Français, même prisonnier ».

On suit à nouveau parfaitement le déclin royal. Le point d'éclatement sera Valmy, dont nous parlerons longtemps. Stefan Zweig pense que Marie-Antoinette a communiqué à l'ambassadeur d'Autriche à Paris ce qu'elle savait des plans de la Convention, puisque les prussiens étaient aux frontières depuis fin juillet.

Et il s'interroge. A-t-elle trahi ? Ce qui semble évident, si l'anecdote se vérifiait, pour tous les Français de l'époque. Mais pas pour elle. Car, pour cet auteur, rien n'est moins sûr.

La Reine n'a aucune idée sur la notion de Nation et encore moins de patrie dont il vient d'être question plus haut. Les drapeaux autrichiens et prussiens sont des drapeaux **amis**, puisque le drapeau tricolore – qu'elle n'a jamais reconnu – est celui d'un **ennemi** de **son** Royaume.

Valmy, les manifestes de Brunswick « la victoire en chantant » sonnent le glas de la monarchie. Toute la famille royale est transférée au Temple. On mesure leur désarroi de passer de Versailles aux Tuileries et enfin au Temple.

De Roi de France, puis roi des Français, on vient totalement de passer à un traître à son pays, surtout à la Nation française.

Car, brusquement, se révèlent aux Français ces deux notions. La « Patrie est en danger », leitmotiv irremplaçable et il nous faut l'Être supérieur à la tête de la Nation. C'est bien pourquoi on trouvera le triangle maçonnique au-dessus de la Constitution dans certaines loges.

Voilà, c'est fini. Après ce sera la mort sur l'échafaud.

Entre *Le Mariage de Figaro* de 1784 et l'échafaud de 1793, seulement neuf années pendant lesquelles le Roi – et son gouvernement et sa femme – auront accumulé un nombre de fautes, le plus souvent sans avoir rien compris.

Rendons cependant un peu de justice à ce monarque décadent. Il n'était pas destiné à régner. Son père, le dauphin de Louis XV, aurait dû succéder à celui-ci qui l'avait formé, mais il mourut. Ensuite, cela aurait dû être son frère aine, mort très jeune.

Disons, pour évoquer des circonstances atténuantes, que personne ne se trouva là pour lui enseigner son métier de roi.

Chapitre XXVI

Le paradoxe de la franc-maçonnerie dans la Révolution française

Il n'est peut-être pas nécessaire de repréciser le parti que nous avons délibérément pris. Cependant, pour évacuer toute hypothèse, nous devons signaler la position d'autres auteurs, maçons ou non maçons, dans cette perspective maçonnique de la Révolution.

La franc-maçonnerie, écriront certains, n'a jamais conçu aucun dessein de ce genre. L'évidence crève les yeux, car il ne s'agit nullement d'un complot maçonnique généralisé.

D'autres s'escrimeront pour savoir s'il y a eu ou non une préparation méthodique d'un pareil changement à la fin du fameux siècle des Lumières.

Enfin, quelques-uns arriveront à écrire, au bout de leurs plumes, qu'à l'exclusion de francs-maçons – notoirement connus, même du grand public – la Révolution française est simplement un geste spontané à la manière du big bang.

Nous avons mentionné ces thèses de travail pour bien spécifier que ces écrivains ont dû, bon gré, mal gré, ne pas passer sous silence l'influence des « maçons ».

Parfois, ils en arrivent à dénier à la guerre d'indépendance américaine, un soubassement maçonnique, et lorsqu'ils reconnaissent que quelques nobles ont participé de près ou de loin – de loin plutôt – à l'élaboration de certains textes majeurs, ils s'en affranchissent bien vite en les mettant sur le dos d'un antimonarchisme viscéral.

Tout autre a donc été notre position, et nous la rappelons volontiers. D'une part, des francs-maçons, et des plus connus, ont activement élaboré des pièges pour y faire tomber la royauté, tandis que d'autres ont rédigé des textes qui passèrent de l'anonymat à la postérité.

L'ambiguïté apparue très vite aux témoins, comme aux acteurs, lorsqu'il s'agira d'éteindre l'incendie qu'ils avaient eux-mêmes, passivement et activement pour les uns comme pour les autres, allumé.

Alors pompiers tout en ayant été boutefeux ?

Il y eut certes des bémols, particulièrement regrettables, dans cette Révolution française, des massacres de septembre aux guerres de Vendée. Nous ne pouvons les ignorer, ni les oublier. C'est pourquoi il en a été question dans cet ouvrage.
De plus, nous avons délibérément évoqué la participation des « sœurs », non seulement dans les salons, mais plus encore dans les loges d'adoption, en insistant particulièrement sur le rôle de la princesse de Lamballe.

D'ailleurs, le grand public, ou plutôt disons certains initiés, ne s'y sont pas trompés au moment même de la Révolution française. Ainsi, du « voile » levé pour les curieux sur les secrets de la Révolution à l'aide de la franc-maçonnerie.

Ainsi d'un pamphlet paru déjà en 1792[1], ainsi d'une planche tracée de la loge « La Vertu » sur la « maçonnerie ayant produit et dirigé notre révolution admirée par l'Univers étonné » – sic.

En revanche, ce même auteur se trompe lourdement en affirmant – sans preuve – que Louis XVI a été franc-maçon. S'il l'avait été, et s'il avait participé à des travaux de loge – à Versailles même – il aurait indubitablement connu l'atmosphère de son Royaume.

1. Cité par D. Mornet, ouvrage cité p. 363.

Or, il n'a rien fait, nous le savons parfaitement, et le Grand Orient ne possède aucune trace d'une quelconque affiliation. En revanche, la loge des « Trois Frères » nous est connue et nous en avons parlé.

Il est donc aisé pour un auteur – maçon ou non – de présenter le rôle de la franc-maçonnerie comme étant un jeu intellectuel, joué le soir lors d'agapes plus ou moins bruyantes, et de simplifier les faits majeurs, que nous avons désignés, comme étant des épiphénomènes.

Malheureusement, la Révolution française ne se résout pas à cette simple et singulière dichotomie.

Enfin, faisons justice de la noblesse française qui, dans sa grande majorité, a ouvertement adopté les signes manifestes de changement de société.

Les émigrés, quant à eux, n'auront, bien entendu, ni rien compris ni, surtout, rien appris. Cela se vérifiera en 1814-1815 et causera la perte définitive de la monarchie bourbonienne.

La guerre, à compter de 1792, fut généralisée à toute l'Europe. Mais pourquoi la guerre si la Révolution est « vertueuse », à l'image de celle décrite complaisamment par Franklin ?

Las, elle ne le demeura pas longtemps. 1793 fut assurément l'année charnière où il fallut alors choisir entre faire la guerre et ne pas la déclarer. Là encore, nous trouvons des francs-maçons dans les deux camps.

Ceux pour qui il était temps de marquer le pas, de s'arrêter, d'arrêter déjà les massacres à répétition de Septembre furent mis en minorité et contraints soit de la voter, soit de s'exécuter, soit être à leur tour condamnés à monter sur l'échafaud.

Pourquoi la guerre a-t-elle été voulue alors que nous ne dispositions plus d'armée de métier à aligner en face des forces russo-autrichiennes vite rejointes par les Britanniques et suivie par les Russes.

Incontestablement, ce fut un choix d'État.

Une raison d'État.

La guerre généralisée a été **voulue** pour cimenter la Révolution et surtout assurer la dictature des comités de Salut public et des jusqu'au-boutistes. Même après les premiers et éphémères succès et les terribles défaites, cette saisie de l'opinion à travers l'éternel slogan « La Patrie est en danger » ne se démentira pas.

La maçonnerie française se mit en sommeil en 1793. Les loges fermèrent les unes après les autres.

Pourquoi ?
Que s'est-il donc passé ?
Car ayant gagné, et haut la main, la partie, elle aurait dû triompher ouvertement.

Un parti, des plus patriotes, si on peut désigner ainsi la franc-maçonnerie de la Révolution, aurait perdu toute cohérence en laissant, derrière lui, l'Espérance.

Un trou noir entre 1793 et 1804, ou peu s'en faut, ou, en tous cas, on n'en parle plus.

Et pourtant, elle venait de vaincre une résistance séculaire et des plus organisées. Elle avait dû se battre contre une religion révélée, une inégalité sociale flagrante, et elle venait de préparer le terrain pour d'autres réformes intellectuelles et sociales à travers une nouvelle dignité de l'homme.

Philippe Égalité porte, à l'évidence, une terrible responsabilité, lui qui, selon la rumeur depuis 1791, portait, ce fait est bien connu, dans les revers de sa veste, son vote déjà préparé en faveur de la mort de Louis XVI.

A-t-elle disparu cette franc-maçonnerie à l'image de l'Ordre du Temple au moment où il le fallait ?

Car il faut bien considérer – et nous en parlons d'autant plus facilement que nous avons écrit sur ce sujet à partir de la Révolution sociale et économique voulue par les Templiers – qu'il était peut-être temps de se retirer, mission accomplie. Tandis que d'autres, beaucoup plus tard, l'achèveraient. Il fallait tourner une page.

Assurément, en 1789-1793, la maçonnerie française a mieux réussi comme force sociale – de loin, et la plus efficace – que comme simple association d'idées prônant une société idéale et utopique. Elle s'était enfin donné pour tâche d'accomplir concrètement ce qui se disait après les tenues.

Elle a conquis, de fait, bien des esprits qui, une décennie plus tôt, n'auraient pas songé à la rejoindre. Et elle l'a fait sur une idée très simple, toute simple d'égalité, de progrès et de liberté.

C'est souvent le cas pour les idées les plus simples, c'est-à-dire les plus accessibles d'accès pour une grande majorité. Il s'agissait là, par Liberté, Égalité, Fraternité, d'un slogan invincible, de tout premier ordre.

Certes, le rituel des tenues était des plus extravagants – témoin les estampes relatant l'initiation des profanes – mais peut-être l'époque le voulait-elle et le fallait-il.

Nous ne suivrons pas Joseph de Maistre qui écrivait qu'il fallait admettre que l'intelligibilité des évènements de 1789 a échappé complètement aux faibles lumières de la froide analyse positive.

Malgré le style un peu précieux de la phrase, elle n'en est pas moins inexacte, car nous venons de l'examiner tout au long de cet ouvrage, l'intelligibilité en question se lit précisément depuis 1750 dans les déroulements évènementiels.

Pour d'autres auteurs, la particularité de la Révolution française a été d'être une force aveugle sans tête, sans responsabilité identifiable. Bien au contraire, les hommes ayant agi directement et même violemment dans les décisions les plus importantes, des prises de position les plus radicales et le vote sans contestation de tiers, nous sont parfaitement connus.

Il n'existe pas d'énergie secrète plus forte que les révolutionnaires eux-mêmes. Ils se chargèrent, sans problème, d'exacerber les courants révolutionnaires sans qu'il soit nécessaire d'y mélanger le maléfice d'un mal indiscernable.
La Révolution va se terminer historiquement parlant. La France s'achemine vers un peu plus d'ordre après la Terreur et les guerres de Vendée. Nous sommes déjà en 1800 et les jeux sont faits. Erreur. Ils sont loin d'être faits, mais c'est une autre histoire.

Nous allons simplement évoquer, comme en passant, parce qu'il semble aller de soi, le rôle à nouveau prépondérant de certains « frères » dans le déroulement des opérations.

Évoquons donc seulement le 18 Brumaire, petit chef d'œuvre de manipulation de Lucien Bonaparte pour l'Empire à venir. Nous allons y retrouver cinq des principaux membres maçonniques de la récente Révolution française, à savoir : Fouché, Sieyès, Boissy d'Anglas, Roederer et Lacepède, à côté d'une bonne vingtaine d'autres frères.

Sautons un pas, les années, pour nous apercevoir que sur vingt-six maréchaux, quinze seront francs-maçons, dont la plupart furent initiés avant le 18 Brumaire. Parmi eux : Augereau, Bessières, Brune, Lannes, Lefebvre, Moncey, Masséna, Maison, Murat, Jourdan, Ney, Kléber, Marceau, Hoche et Pichegru.

Et la guerre durera jusqu'en 1815. Et ce que la France nommait pompeusement Liberté, l'Europe l'appela « Anarchie ».

Une autre maçonnerie apparut à partir de 1800, disons plutôt 1804. Quinze maréchaux de l'Empire sur vingt-cinq en firent partie, et des plus brillants, mais dont huit d'entre eux furent initiés avant l'Empire.

C'est vraiment trop simple que de se réfugier derrière une entité pour sauvegarder la conscience humaine, dépassée par les évènements.

Les acteurs de la Révolution n'ont pas été du tout des marionnettes, agitées par un prestidigitateur invisible et qui en tirait les ficelles au gré de sa fantaisie.

Ils avaient pleinement conscience de leurs actions et s'il y eut un jeu de chaise musicale pour savoir qui monterait le premier sur l'échafaud, c'est à eux-mêmes qu'il fallait qu'ils s'en prennent.

En revanche, il est vrai que ces mêmes acteurs furent dépassés par la foule, les sans-culottes, les jusqu'au-boutistes et par la Révolution elle-même. Cependant, ces autres marionnettes ne les exonèrent nullement de leur véritable responsabilité.

On peut donc, à juste titre, parler du vertige criminel venu s'emparer de toute la Nation et qui émut, à ce point incroyable, l'Europe tout entière qui n'eut alors de cesse de traquer littéralement ces révolutionnaires.

Il fallut, cependant, attendre 1815, et cette période – beaucoup plus que les guerres de Louis XIV – lassa la France complètement exsangue. Ce qui devait lui coûter très cher au XIXe siècle où elle se fit damer le pion par l'Angleterre et la Prusse, devenue l'Allemagne.

Chapitre XXVII

La princesse de Lamballe

Loin d'être un aimable et naïf conte de fées, l'existence de Marie-Thérèse de Lamballe fut celle d'un personnage digne de participer au « Secret du Roi ».

Passons rapidement sur sa jeunesse plus ou moins dorée dans le Piémont et arrivons à son mariage avec le fils du duc de Penthièvre, le prince de Lamballe, un joyeux débauché fréquentant les catins du Palais-Royal.

Elle fit cependant par là un royal mariage, car alliée désormais à l'un des premières fortunes du royaume. Cependant, après son mariage, le prince de Lamballe s'affiche à nouveau avec des courtisanes. Tout lui est bon, une danseuse de l'Opéra, une actrice du Français…

Les noms, tous plus ou moins poétiques les uns que les autres, leur sont donnés. Qu'on en juge : « la Chassagne », « la Forret », « la Dutois », etc. À ce régime il fut, selon le mot de l'époque, « poivré », c'est-à-dire qu'il attrapa une « bonne galanterie ».

Une fort malencontreuse chute de cheval le conduisit à une opération des plus délicates dans ce siècle sans médecine, c'est-à-dire une castration. Il n'y survécut pas. Marie-Thérèse se retrouva veuve à dix-huit ans.

On lui prêta alors d'épouser Louis XV déjà bien âgé. Une épigramme fit le tour de Versailles : « La veuve d'un Bourbon ne peut devenir le meuble à plaisir de son cousin le Roi de France. »

Sans que l'on sache vraiment pourquoi, ses contemporains, et plus encore la postérité, attribuèrent à la princesse de Lamballe un rôle des plus controversés dans le déroulement du processus révolutionnaire. D'abord, son pédigrée est impressionnant.

Elle est une des femmes les plus riches de France de par son mariage – sans lendemain au bout d'une année – avec le prince de Lamballe, arrière-petit-fils de Louis XIV. La famille de ce prince occupa l'hôtel de Toulouse, devenu aujourd'hui la Banque de France. C'est écrire, en peu de mots, la dotation de cette princesse[1].

Avril 1781 est marqué par deux évènements majeurs. Marie-Antoinette relève de couches et écrit à son amie : « J'ai lu avec intérêt ce qui s'est fait dans les loges maçonniques que vous avez présidées au commencement de l'année, et je puis vous dire que vous m'avez amusée[2].».

Marie-Antoinette n'a, à ce jour, autour d'elle que des « consultants » à défaut d'amis, c'est-à-dire des conseillers : Madame Étiquette, Madame de Noailles, l'ambassadeur d'Autriche à Paris, Mercy-Argenteau, et surtout les trois tantes de Louis XVI, dont la plus redoutable, Adélaïde qui sera, paraît-il, la première à la nommer « l'Autrichienne ».

Il lui faut impérativement des amies sur qui régner. Marie-Thérèse lui convient parfaitement. Une petite différence d'âge de six ans.

Il fut dit que tout devait les rapprocher, à commencer par leurs origines autrichiennes – le Piémont étant occupé par l'Autriche – et surtout leur manque d'hommes. Ce qui est peut-être aller un peu vite en besogne pour justifier de leur attachement réciproque.

Toujours est-il que rapidement, trop rapidement aux dires de certains, elle devint plus que l'amie de Marie-Antoinette, sa confidente.

1. Le comte de Toulouse était le fils légitimé de Louis XIV et de la Montespan.
2. Lettre citée in extenso par Firmin-Didot, à partir de M. de Goncourt, *Histoire de Marie-Antoinette*, p. 130.

Madame de Genlis, toujours à l'affut d'un mauvais mot et d'un mauvais coup, n'hésitera pas à écrire : « La coquetterie de ses évanouissements et de ses syncopes firent la joie de la cour. »

Toujours veuve et assez jolie, quoique un peu prude et vite effarouchée par la cour, qui analyse tout d'un petit œil, on lui prête à présent d'épouser le prince de Lambesc, fils de la comtesse de Brionne, née Rohan.

L'affaire ne se fera pas, mais que serait-il advenu d'elle si elle l'avait épousé ? Il a émigré parmi les premiers en Italie et elle n'aurait pas connu la fin horrible qui lui fut réservée.

Le comble, pour les courtisans avides, envieux, jaloux, etc. est lorsque Marie-Antoinette exige de son mari que son amie Marie-Thérèse soit nommée surintendante de sa Maison, poste occupé, par le passé, par la propre nièce de Mazarin, Olympe Mancini.

L'indignation se répand à Versailles. Comment ? Nommer à ce poste de confiance « la belle-fille d'un bâtard de Louis XIV » ! La cour n'a pas de mots assez durs pour la stigmatiser, et le bon peuple de Paris en est informé.

D'autant qu'il ne s'agit pas d'une charge honorifique avec décors, fanfreluches, mais d'une charge pratiquement de notaire avec tenue des comptes. À cette affaire, Marie-Thérèse n'y comprend rien et se repose sur des intendants plus ou moins corrompus.

La tâche est rapidement au-dessus de ses forces, d'autant qu'il lui faut s'étourdir avec la Reine. De plus, ses évanouissements et ses syncopes altèrent sa santé.

Marie-Antoinette doit s'en séparer. Se séparer de sa surintendante et de sa meilleure amie, d'autant qu'une rivale, jeune, joyeuse, effrontée est apparue, la comtesse Julie de Polignac, jolie mais désagréable. Or, désargentée, elle ne le restera plus longtemps, car elle considère que faire partie du cénacle de la Reine équivaut à un filon d'or.

Marie-Antoinette va s'ennuyer cependant de plus en plus malgré ses maternités et son Petit Trianon. Elle s'étourdit, et le sait, pour tuer le temps.

Marie-Thérèse essaie toutes les pharmacopées pour venir à bout de ses crises de convulsion. Toujours des autrichiens, par exemple. D'abord Mesmer et ses baquets, ensuite quelqu'un de plus sérieux, le docteur Seyffert qui est plus psychiatre que médecin.

Il va la soigner, la fait parler, la guérit. Du même coup, tout change à nouveau pour Marie-Thérèse.

Nous venons d'évoquer la fin de sa maladie, plutôt de ses convulsions. Son médecin, le docteur Seyffert, l'encourage vivement à prendre les eaux pour se calmer définitivement. Quelle station choisit-il ? Une station des côtes françaises ? Pas le moins du monde. Une station très à la mode, Brighton, en Angleterre.

Elle se laisse convaincre et il l'emmène avec lui. La comtesse de la Motte est à présent en Angleterre. Elle y écrit – vivement encouragée, elle aussi, par le Premier ministre Pitt – ses Mémoires, qui vont être un véritable brûlot contre la monarchie bourbonienne s'ils sont publiés.

Que se passe-t-il ?

La princesse de Lamballe est déjà grande maîtresse des loges d'adoption écossaises, c'est-à-dire travaillait sur les hauts grades. Elle se rend à Londres, négocie avec la comtesse de la Motte, lui rachète – un prix fort élevé – ses mémoires, et rentre en France pour les faire brûler à la manufacture de Sèvres.

La comtesse de la Motte doit à présent disparaître. Elle passe par la fenêtre de son appartement ou y est défenestrée, se rompt tous les os et meurt le lendemain à l'hôpital. Fin de l'histoire.

Sauf qu'elle réapparaitra après 1815, en Russie, pour mourir définitivement à Paris après 1830.

Cette histoire est vraie en partie.

Car il y avait un autre enjeu beaucoup plus important que les seules mémoires de la comtesse de la Motte.

Il a été évoqué le financement des activités occultes de la princesse de Lamballe par les fonds secrets du ministère des Affaires étrangères, tout comme par ceux de la liste civile du roi.

Plus loin, on pourrait trouver qu'elle participa activement aux opérations du « comité autrichien », où elle retrouva Radix de Sainte-Foy, Huguet de Sémonville et surtout Antoine Talon, député suppléant du Tiers-État – loge « Les Cœurs Simples » – et qui se trouvait dans le deuxième cercle des amis de la Reine à Versailles.

Ce comité, plus moins dirigé occultement par Marie-Antoinette, était chargé tout à la fois de renseigner les frères de la Reine en Autriche, tout en versant de l'argent à des députés révolutionnaires pour ralentir le processus des réformes et procéder à l'élargissement de certains prisonniers, et ce, par l'intermédiaire de l'ambassadeur autrichien à Paris, Mercy-Argenteau.

Elle aurait ainsi obtenu de vrais-faux passeports de la part de Montmorin, membre du ministère des Affaires étrangères, pour mener à bien les voyages à l'étranger de Marie-Thérèse.

On conçoit, par là, l'étrange rôle joué par la princesse de Lamballe qui, au péril de sa vie, négocie avec ardeur auprès de la Maison d'Autriche ou du gouvernement anglais, dont les membres sont francs-maçons pour la plupart, et aussi en France pour convaincre Marie-Antoinette que tout n'est pas perdu si elle, la Reine, acceptait un honorable compromis.

Mais désormais, Marie-Antoinette, éprouvée solidement par l'échec fatal de Varennes, n'est désormais plus en mesure d'accepter quoi que ce soit. D'autant que son fils, le dauphin, vient de lui être enlevé.

L'affaire fit long feu, car la découverte de l'armoire de fer de Louis XVI aux Tuileries ruinera ses projets. Un dossier fut découvert, des plus accablants pour Barnave – et surtout pour Marie-Thérèse, ce qui explique son châtiment par les sans-culottes – et pour le comité de ministres, concertés avec des royalistes, dont Barnave et Lameth : Barnave fut donc exécuté.

Les auteurs de ces faits supposés, et imputables à la princesse de Lamballe, les attribuent surtout à son extrême volonté de persuasion. Mais on est fort loin d'une vierge effarouchée, s'évanouissant au moindre bruit.

Dans ces conditions, l'arrestation de la princesse de Lamballe de retour de Coblence en août 1792 – peu avant Valmy – a été de nature à contrecarrer l'action de ces révolutionnaires qui, pour rien au monde, n'auraient voulu être pris la main dans le sac.

Car elle a décidé, malgré le refus de Marie-Antoinette, de revenir en France pour tenter une ultime démarche et, là, probablement dénoncée, elle est immédiatement arrêtée.

Elle fut internée à la prison de la Force, son retour à Paris ayant été connu, pratiquement interrogée le même soir, jugée et condamnée à mort. La foule, excitée par des meneurs, ne lui permit pas d'avoir une fin honorable. Le mot de lapidation est trop faible pour décrire sa fin horrible.

Un prochain ouvrage, qui sera consacré aux « sœurs dans la Révolution française », mettra en évidence le rôle très important joué par Marie-Thérèse de Lamballe sur son action politique, doublé d'une action plus romancée sur certains épisodes de sa vie, et que nous pouvons, dès à présent, la qualifier d'aventurière.

Elle marqua, sans conteste, par sa présence, la période révolutionnaire en s'efforçant de sauver les meubles, alors qu'Olympe de Gouges jouera dans l'autre camp, sans pour autant échapper à l'échafaud.

Chapitre XXVIII

L'affaire de la bataille de Valmy

Regardons une carte Michelin.

Il faut noter immédiatement que quelques lieues séparent Varennes de Valmy. Est-ce prémonitoire en ce qui concerne les hypothèses les plus variées sur ces deux lieux ?

Un triangle maçonnique et géographique apparaît alors si on y conjoint Reims, où Louis XVI, se trompant d'époque, voulut se faire sacrer roi de France : Reims, Varennes, Valmy. Le triangle de la destruction, pointé vers le bas.

Collot d'Herbois, Jacobin notoire, recevant Dumouriez à l'issue de la « bataille », lui reprochera « d'avoir reconduit les Prussiens avec beaucoup trop de politesse ».

Mais, pour bien comprendre cette si curieuse bataille, il faut quand même se souvenir qu'à la mort de Louis XV, la France est totalement discréditée en Europe au niveau militaire et que c'est exactement le contraire pour la Prusse.

De plus, le fameux traité de Paris, qui mit fin à des guerres interminables et fécondes en pertes pour la France – Canada, Louisiane – fut considéré également en Europe pour le plus bête que les Bourbons avaient signé.

Valmy est-elle une glorieuse victoire capable d'éclipser Austerlitz par la seule vertu des sans-culottes en haillons enhardis par des couplets cocardiers, comme on sait si bien le faire en France ?

Ou est-elle une assez honteuse mascarade dont les seuls vainqueurs furent les francs-maçons prussiens dits « de la Stricte Observance », et les francs-maçons parisiens pressés d'en finir avec la monarchie ?

Regardons d'abord les faits militaires.
L'Assemblée nationale, sur proposition de Louis XVI – ce qui ne manque quand même pas de sel – déclare la guerre à François Ier d'Autriche le 20 avril 1792.

Les forces prusso-autrichiennes envahissent alors la France sous le seul commandement du duc de Brunswick. Cette armée serait forte de cent vingt à cent quarante mille hommes, et vingt mille émigrés. Ce dernier chiffre paraît fort élevé.

Le duc de Brunswick fait monter les enchères

Le général prussien coupe d'abord les lignes françaises entre Longwy et Metz. Le 23 août, Longwy tombe et, le 2 septembre, Verdun capitule.
Voilà un bon début qui autorisera d'autres revers identiques dans d'autres guerres qui, toutes au départ, auront été déclarées par la seule France. Du coup, les commandants des armées françaises deviennent suspects, à savoir Rochambeau, La Fayette, Dumouriez – en fait Charles-François du Perrier du Mouriez – et Kellermann.

Le marquis de Rochambeau participa à l'insurrection américaine. Il était membre de la loge « Saint-Jean de La Candeur ». Il finira maréchal.

Les Prussiens continuent d'avancer en Champagne. Dumouriez, situé près de la frontière belge, se rabat sur Paris tant la percée prussienne est rapide. Il ne faut pas perdre de vue la position des deux armées ennemies pour comprendre la réalité de Valmy. Il demande à Kellermann de le rejoindre depuis Metz.

Dumouriez s'était illustré, en 1760, sous les ordres de de Castries à Klostercamp. Blessé sérieusement et capturé, il fut renvoyé par l'ennemi dans nos lignes. Heureux temps que ces guerres soi-disant en dentelle, mais l'époque savait vivre.

Si ce fait est mentionné, c'est que, précisément, Dumouriez et de Castries devaient se retrouver face à face dans cette singulière bataille de Valmy.

Dumouriez – qui était, jusqu'en août, ministre de la Guerre du roi – sic –, sait-il de quoi il parle ? Assurément, car la suite des évènements va faire prendre corps à la somptueuse machination.

Dumouriez, toujours lui, proclame qu'il fera « des clairières de l'Argonne – les termes sont historiques – de nouveaux Thermopyles. » Comme quoi il faut toujours se méfier des généraux proclamant la victoire avant la bataille.

Kellermann – tout comme Bazaine en 1870, ce doit être le lieu qui veut çà – s'attarde à Metz. Les communications sont mauvaises. Les prussiens enfoncent, une fois de plus, le minime rideau défensif des sans-culottes et marchent sur Paris.

Tout vient de cette journée de septembre.

Kellermann se hâte. Enfin, il arrive à se placer devant le duc de Brunswick sur une hauteur, une petite hauteur, car le terrain n'est quand même pas montagneux.

Sur la plus élevée de ces hauteurs se trouve le moulin de Valmy, toujours en activité, qui devait constituer un excellent poste d'observation. En face de lui, sur une autre crête de colline, les troupes prusso-autrichiennes plus les émigrés. Au centre, quelques étangs et marécages. Un bassin de prairie où l'on pourra quand même s'étriper.

Les deux généraux Dumouriez et Kellermann, et leur second La Fayette – toujours lui – et Rochambeau – autre vétéran de la guerre anglo-américaine – ne sont d'accord ni sur la stratégie ni sur la tactique.

À cause des étangs. « Il faut déborder les prussiens », ordonne Dumouriez ; « Il faut les canonner pour en tuer le maximum » réplique Kellermann.

Le duc de Brunswick n'a pas la chance d'avoir un moulin de Valmy à sa disposition, mais des troupes parfaitement disciplinées, à la prussienne. Il a aussi de l'artillerie et des patrouilles. Les deux ennemis se sont à peu près repérés.

Un ciel brumeux, une petite pluie très fine, du brouillard. On est en septembre, sans changement d'heure. Après cinq heures du matin, l'artillerie prussienne tonne. Les Français répliquent. Mais les conditions atmosphériques empêchent des tirs précis. L'artillerie de Kellermann est soumise à un pilonnage en règle.

Les canons, les caissons également. C'est un peu un début de débandade des sans-culottes. Kellermann ordonne un premier repli. C'est déjà la retraite avant même le véritable combat de cavalerie et d'infanterie. Il ne faut pas oublier que nous n'avions plus d'officiers. Ils sont de l'autre côté, avec le corps d'armée des émigrés.

Le duc de Brunswick est informé du repli « stratégique » de Kellermann, et, fidèle à la tactique prussienne, au lieu d'attaquer de front, il ordonne d'encercler, de prendre en tenaille l'armée de Kellermann, puisque ses troupes, dissimulées et par les hauteurs et par le brouillard, sont, pour le coup, invisibles en partie pour les Français.

Kellermann criera – c'est toujours historique « Vive la Nation », tout en continuant de battre en retraite. Dumouriez, lui, attend toujours au nord de Valmy. Kellermann et Dumouriez ont quand même du sang-froid, en vieux guerriers, mais ils doutent de plus en plus de la discipline de leurs troupes qui s'égarent dans la nature.

Il est neuf heures. Aucune escarmouche, aucun duel de cavalerie, aucun corps à corps, un seul duel d'artillerie qui finira par un quelconque pilonnage accéléré des positions françaises : les troupes se replient stratégiquement, pour ne pas dire qu'elles sont en déroute.

Il est onze heures à présent.
Que s'est-il passé durant ces deux heures ?

Car brusquement, alors que ses troupes piaffent d'impatience, le duc de Brunswick ordonne le repli. Ses officiers n'y comprennent rien, encore moins les émigrés qui, voyant la route de Paris désormais ouverte, veulent s'y engouffrer.

Diverses hypothèses ont été avancées.
Tout d'abord, le dépeçage – une fois de plus – de la Pologne, que vont se partager la Russie, l'Autriche et à présent la Prusse. Celle-ci a donc besoin de troupes fraîches pour marcher sur Varsovie.

Quand ?
C'est une autre question.

Les deux corps d'armées de Dumouriez et de Kellermann, même sous une apparence de commandement unique, ne font pas vraiment une armée. Ils ont subi des revers depuis quelques jours et le moral – déjà – n'y est plus.

Troisième hypothèse. La Convention songe à relever leur commandement aux deux susnommés par suite d'une certaine défiance de leur comportement. Notamment au contact d'officiers de l'autre côté, qu'ils ont fatalement connus. C'est le cas déjà nommé de Dumouriez et de Castries.

Quatrième hypothèse. Paris risque d'être pris à parti par les Prussiens, dont c'est le but avoué et déclaré. Il n'y a pas de garnison à Paris, seules les troupes pour le moment encore en face des Prussiens peuvent constituer une ultime ligne défensive. Il faut les retirer au plus vite du champ de bataille.

Reste une cinquième hypothèse. Mais examinons d'abord celles que nous venons d'énumérer.

La question du partage de la Pologne est inhérente à son histoire et d'une façon permanente. Le roi de Prusse est en contact direct avec les Polonais, par des frontières communes, et il a déjà ses troupes massées sur ces mêmes frontières. Il n'a pas véritablement besoin de son armée combattant en Champagne.

Le problème de divergence de vue des deux généraux français n'en est pas un, d'autant que chacun d'entre eux adoptera sa propre stratégie, tout en ne disposant pas, il est vrai, de troupes aussi aguerries et disciplinées que les Prussiens.

La Convention se méfie d'eux ? Mais bien sûr. Comment faire autrement ? Ils ont tous deux, sans parler de La Fayette et Rochambeau, servi le Gouvernement royal, mais, voilà, c'est tout ce qu'elle avait sous la main comme commandants en chef.

Paris envahi par les Prussiens, c'est effectivement la hantise de tout gouvernement pratiquement sans moyen pour défendre la capitale : même si ce sont les sans-culottes, dans un ultime corps à corps, ils pourront peut-être vaincre, mais rien n'est moins sûr.

La cinquième hypothèse va retenir notre attention.

On sait désormais que Dumouriez et consorts ne sont plus ni fiables ni dévoués à la Convention. On sait, ou on ne sait pas, que **ces quatre-là sont francs-maçons**.

Et de l'autre côté ?
C'est exactement la même chose au niveau de l'appartenance à une l'obédience maçonnique.

Nous avions laissé la maçonnerie templière allemande élire comme grand maître le duc de Brunswick au convent de Wilhelmsbab. La maçonnerie templière allemande est obstinément antifrançaise, mais plus encore antibourbonienne.

Pourquoi ?
Pour cause de la vengeance de Jacques de Molay.

C'est l'opportunité de rappeler que la loge « **La Stricte Observance** », une fois constituée, s'était développée en Allemagne à partir de 1765-1770 sur le concept extrêmement simple d'appartenance à des **« Supérieurs inconnus »,** qui la dirigeaient souterrainement.

Ils n'étaient autres que les descendants légitimes des grands maîtres de l'Ordre du Temple. S'y ajoutait la vengeance de Jacques de Molay sous couvert de demandes de comptes à la dynastie capétienne de Philippe le Bel, même si en 1785, il s'agissait de celle des Bourbons.

Plus la restitution, par l'Ordre des Hospitaliers – ceux de 1312 – de biens mobiliers et immobiliers que le concile de Vienne leur avait remis.

La crédulité est une qualité humaine, mais comment juger dans un pays allemand où théoriquement la rigueur, le manque de fantaisie règnent sans partage – sans parler de la raisonnante raison – une pareille crédulité ?

Des « Supérieurs inconnus » étaient une première, mais l'époque d'occultisme pouvait les justifier. La restitution des biens de l'Ordre du Temple était quelque chose de financièrement valable, une superbe opération financière, financée d'ailleurs par d'importantes cotisations exigées de la part des « frères de la Stricte Observance ».

On sait que tout rentra dans le rang prussien à l'issue du convent de Wilhelmsbab au cours duquel furent débattues et la présence d'un trésor, celle des « Supérieurs inconnus », et l'appartenance au Temple.

Il fallut conclure trois fois par la négative.

Mais le duc de Brunswick, en face de Dumouriez, n'est autre que le neveu du grand maître de la maçonnerie templière allemande. Il est franc-maçon plus que jamais et perclus non de rhumatismes, mais de dettes.

Combien de morts dans ces deux armées fortes au total de plus de 200 000 hommes ?
Et des blessés dans les deux camps ?
Une petite centaine pour les Prussiens, deux cents pour les Français. Au total, pour la fantastique bataille de Valmy, **trois cents morts et blessés pour les deux camps**.

Mais de qui se moque-t-on ?

S'y rajoute le fameux manifeste du duc de Brunswick, parvenu mystérieusement à Paris deux jours avant la bataille par lequel il menaçait, à la prussienne, de représailles le bon peuple de Paris s'il ne rétablissait pas immédiatement Louis XVI sur son trône et si les meneurs ne lui étaient pas livrés.

Un tel « manifeste » fit assurément sur les Girondins et autres Jacobins l'effet de la muleta sur le taureau. Il ne fallait **à aucun prix** que les Prussiens s'emparent de la capitale.

Robespierre s'en était pris très ouvertement à Brissot, Vergniaud et même Condorcet, les accusant d'avoir voulu livrer la France à l'Étranger.

Or, dans cette lutte entre Girondins et Jacobins, comme dans tous les exemples cités au cœur de la Révolution française, on trouvera, une fois encore, des francs-maçons dans les deux camps.

C'est bien pourquoi il faut dénoncer catégoriquement le chaos qui régnait à cette époque – juin-septembre 1792. La désorganisation flagrante et frappante des loges où les frères s'affrontèrent ouvertement. L'hécatombe des Girondins qui s'ensuivit en est un triste témoignage.

Napoléon voulut se faire expliquer la victoire de Valmy par Kellermann lui-même et se rendit sur place. Le plan de la bataille à onze heures saute aux yeux des moins avertis. Par un mouvement d'encerclement, cher aux Prussiens, ces derniers ont débordé largement l'armée française et se trouvent **derrière** elle.

En regardant les positions des deux armées, on s'aperçoit que ce sont les Prussiens qui, à onze heures, protègent Paris et que ce sont les sans-culottes qui veulent assaillir la capitale.

Jusqu'au retrait commandé par Brunswick, mais demandé par la Convention.

On sait, par les archives de l'Armée, que le 12 au soir, Dumouriez a reçu à dîner des plénipotentiaires prussiens. L'avant-veille, Daubigny et Chambon – deux monte-en-l'air notoires – se sont introduits au garde-meubles à Paris où sont détenus les bijoux de la couronne.

Ils en prennent une partie, juste le nécessaire, sans être inquiétés, et la firent porter par Carrà, appuyé par Danton à Dumouriez. On se croirait en plein roman-feuilleton à la Dumas, encore une fois.

C'est le moment de répéter ce que nous écrivions depuis le début de cette thèse, à savoir que les huit affaires dont il a été question relèvent beaucoup plus de stratagèmes héroïco-comique, que n'auraient pas désavoué Beaumarchais, Feydeau et consorts, si ces affaires n'avaient été aussi graves de conséquences.

Les émissaires étrangers à ce dîner de la veille de Valmy, nous les connaissons : le colonel Manstein, plus le capitaine de Heymann, ancien adjoint de Bouillé de Varennes. Manstein est Rose-Croix, ce qui arrange encore mieux les choses.

Cette terrible, ou géniale, imposture fera cependant des victimes ultérieurement. Bien que nommé duc de Valmy par Napoléon, Kellermann ne pardonnera jamais à celui-ci ses doutes sur la stratégie adoptée véritablement.

Il se prononcera, en effet, pour la déchéance de l'Empereur et pour la condamnation à mort de Ney.

Le duc de Brunswick reçut le prix de sa déroute. Paris était sauvé, la monarchie définitivement perdue.

Valmy se termine donc sur deux faits positifs :

- une victoire incontestable des « sans-culottes », d'après tous les manuels d'histoire ;
- la défaite définitive de la royauté, car si les Prussiens avaient occupé Paris, c'en était probablement fini de la Révolution française, du moins pour un certain temps.

L'accord entre « frères », plus ou moins « ennemis », seul permit cette étourdissante volte-face.

C'était la mort du Roi, déjà condamné par avance, qui avait voulu livrer – le manifeste de Brunswick était désormais limpide pour tout le monde – Paris et la France aux ennemis de la République.

Pour la petite histoire, certains des bijoux de la couronne auraient été retrouvés – selon la légende et les contes pour enfants – dans une petite cassette à la mort du duc de Brunswick.

L'histoire serait donc une science exacte dans la mesure où rien ne se perd.

Chapitre XXIX

Le spectre de la liberté

« **Il faut bien qu'un jour les crimes d'une monarchie deviennent les vertus d'une république.** »

C'est en ces termes que Rivarol dépeindra, à l'usage exclusif de ses compatriotes, ce passage entre deux conceptions du pouvoir, guère éloignées, cela va sans dire, l'une de l'autre.

Mais comment est-on passé d'une paisible monarchie à une sanglante république ? Tout le monde se mit à gouverner, la base dépassant – la chose est connue – ses leaders, au point d'ailleurs que les hurlements des mécontents de la dernière heure se trouvèrent, eux aussi, étouffés.

Les Parisiens, aidés par les sans-culottes marseillais, plus radicaux que jamais – pour ne pas dire extrémistes –, ne voulant donc plus de chefs, firent alors des victimes. L'anarchie fait, il est vrai, parfois des héros.

Le « *corpus maconnicus* » va désormais perdre de son poids initial. Six cents ateliers vont disparaître, happés par la Terreur. Mais la force de la franc-maçonnerie est intacte. Ce n'est, malgré tout, qu'une question de transmission plus ou moins réussie. Les chaînons, apparemment manquants, vont resurgir.

La maçonnerie française s'est arrêtée au pied de l'échafaud qu'elle n'a jamais voulu, refusant de cautionner – à quelques exceptions près – les sanglantes dérives révolutionnaires.

Le spectre de la liberté

Elle fut certes dépassée par un ennemi invérifiable, indiscernable auparavant, et même au cours de la Révolution. Cet ennemi l'a prise par surprise et sur lequel elle ne parvint jamais à mettre un nom. C'est ailleurs ainsi que la plupart des historiens qui ont travaillé sur la Révolution française l'analysent objectivement en profondeur.

Certes, tous les meneurs, à quelque époque que ce soit depuis juillet 1789 jusqu'à juin 1793, ont été identifiés. Tous les tortionnaires et bourreaux également. Mais derrière ces barbares se profile cependant cet ennemi invisible, et dont nous venons de parler, sans pouvoir le dénommer exactement.

La psychanalyse trouvera peut-être – à défaut d'une ou de plusieurs personnes en chair et en os – cette entité malfaisante qui dépasse même les mesures.

Toujours selon certains auteurs, cette puissance dévastatrice, hors norme, est donc impossible à authentifier : une puissance adverse et **sans commune mesure**, avec les pauvres diables qui l'ont incarnée et dont elle s'est superbement servi.

Sinon, nous devrions accepter que les Français aient tous été des assassins. Malheureusement, il nous faut évoquer une justice populaire fort expéditive.

Il n'y eut donc, dans le phénomène révolutionnaire et, contrairement à ce qui se passa aux États-Unis, en aucun cas, une unification qui aurait été la preuve de légalité de la fraternité et de la liberté.

Peut-être pourra-t-on nommer cet ennemi invisible, cher à beaucoup d'auteurs – et dieu sait combien il y en eut sur la Révolution française ! – « Anarchie ». Ce que les révolutionnaires s'obstinèrent à appeler « Liberté ». Heureusement pour nous, il n'y eut pas d'entité invisible et malfaisante dans le processus révolutionnaire.

Pour ne pas terminer ce chapitre sur une note aussi désastreuse, citons à nouveau Rivarol[1], parlant d'un de ses collègues, Roederer, pourtant franc-maçon :

> « Sa mine seule fait frémir les aristocrates. On lit dans ses yeux et sur sa bouche la mort affreuse qu'il leur souhaite et ils l'ont, dans leur frayeur, surnommé **le spectre de la liberté.** »

1. Rivarol, *Petit Dictionnaire des grands hommes de la Révolution française*, Éd. Desjonquères, p. 93.

Chapitre XXX

La mort du Roi

Chronologiquement, ce chapitre est, en partie, à placer avant Valmy, mais les évènements s'imbriquent les uns dans les autres au point que certains, postérieurs, finissent par devancer les premiers.

« L'Autrichienne » commet à nouveau une faute, selon les historiens. Elle ne cache plus son mépris ou sa haine à l'encontre de La Fayette, responsable, selon elle, de l'échec de la fuite de Varennes.

Les élections, pour la mairie de Paris, se jouent entre La Fayette et le jacobin Pétion, à la suite de la démission du précédent maire, Bailly, qui sera guillotiné en novembre 1793.

Elles contraignent la Reine et les royalistes à voter contre La Fayette. Pétion l'emporte donc avec six mille cinq cents voix contre moins de trois mille pour le « glorieux » général. Or, Pétion n'a qu'une idée en tête, décapiter le plus vite possible, avec la monarchie, ses représentants.

Dès le début juin, des révolutionnaires, voulant présenter à nouveau des doléances, décident de commémorer le Serment du jeu de Paume en allant planter un arbre de la liberté sur la terrasse des Feuillants, situé devant les Tuileries.

La manifestation est plus ou moins interdite, mais elle aura lieu. On se munit, par prudence sera-t-il écrit dans les gazettes, de munitions. La foule se répand aux Tuileries à partir de la terrasse des Feuillants. Elle crie même – c'est quand même un comble : « Vive le Roi ! » Le Roi crie à son tour : « Vive la Nation ». On croit rêver.

Les royalistes s'estiment outragés et, à travers eux, le Roi, contraint de crier « Vive la Nation ». Marie-Antoinette est, paraît-il, en larmes. Des vociférations éclatent avant le premier coup de feu. La Fayette veut intervenir avec des troupes. La Reine, qui n'a toujours rien compris, en avertit – devinez qui ? – le maire de Paris, le fameux Pétion.

La rumeur d'un coup d'État fomenté par la Fayette se répand. Elle correspond à l'avancée des Prussiens, donnés partant pour une guerre rapide contre la Nation.

« La Patrie est en danger. » Le slogan fera le tour du monde. À tout le moins, celui du Champs-de-Mars.

La déchéance du roi est votée le 27 juillet.

Sur la rumeur d'un soulèvement correspondant à cette déchéance, car dans l'ouest, on sonne le tocsin le 9 août, c'est le massacre des gardes suisses et des quelques royalistes venus leur prêter main forte pour protéger le Roi.

La famille royale est alors enfermée au Temple pour plus de sureté, au prétexte qu'elle vient de se « vendre » aux Prussiens qui envahissent la France « au nom du Roi de France ».

La maçonnerie templière allemande exulte. Juste retour des choses que d'enfermer les Capétiens – maintenant les Bourbons – au Temple, eux qui l'ont détruit. Même si on se trompe de dynastie.

Les dirigeants de la Commune perdent toute mesure. Marat en appelle à la justice populaire, dont il vient précisément d'être question. « Que le peuple fasse sa justice », proclame-t-il.

On se rue vers les prisons pour y massacrer les personnes avec un brin de sadisme, témoin l'horrible meurtre de la princesse de Lamballe.

La boucherie se poursuivra jusqu'au 7 septembre. Danton, ministre de la Justice, aura laissé faire. Les tueurs ont reçu des armes, des vivres et du vin à volonté. La province suivra, hélas, aveuglement.

Les massacres parisiens font donc tache d'huile. La province est en flamme. Collot d'Herbois clamera : « Notre credo est celui de ce mois. » *(de septembre)*

Les lendemains ne vont pas chanter du tout. Car l'Europe entière va déclarer la guerre à une nation d'assassins.

À l'issue de la bataille de Valmy, quelques semaines après ces évènements de juin, de très nombreux francs-maçons tentèrent de sauver la tête du Roi en le défendant contre toute demande faite à l'étranger de venir le délivrer.

Mais il fut impossible de faire entendre raison à la populace – et aux Marseillais- venus du sud pour corriger la tiédeur des Parisiens.

L'abbé Grégoire, à qui Paris donnera une rue, n'hésitera pas, au sein des Jacobins, à proclamer :

> « Il faut détruire ce talisman – la couronne royale.
> Je réclame donc l'abolition de la royauté.»

Savait-il, avec ses belles paroles, qu'il condamnait lui aussi définitivement le Roi à l'échafaud ?

Un autre Jacobin ira plus loin :

> « Un roi, hurlera-t-il, par le seul fait qu'il est roi, est coupable envers l'humanité.»

Pas moins. La royauté était désormais un crime – non de lèse-majesté ! – et le Roi un criminel comme un autre.

Les votes de la mort de Louis XVI

Neuf francs-maçons refusent la mise en accusation et toute condamnation :

Defermon - FoKedey - Le Maréchal - Le Maignan - l'Official - de Mazède - Morisson - Doulain de Grandpré - Dayre.

Trente-six députés francs-maçons votent la réclusion ou le bannissement. Parmi eux :

Bobay - Bancal des Issarts - Barère de Vieuzac - Chasset - Collombel - Coupé de Kervenno - Duport - Gouly - Humbert - Mercier - Peries - Saurinve - Savary - de Pillery, etc.

Dix-sept conventionnels, francs-maçons, absents au moment du vote, approuvent par procuration la condamnation à mort :

Belmain - Blairel - Cherner - Comte de Fourcroy - l'abbé Grégoire - Merlin de Thionville – Mirande, etc.

Huit autres conventionnels francs-maçons votent la mort avec sursis (sic) :

Brissot (de la chancellerie du duc d'Orléans) - Duplantier – Fortuné, etc.

Selon le dictionnaire des francs-maçons, sauf erreur ou omission, quatre-vingts délégués francs-maçons ont donc voté la mort, que ce soit ou non par conviction, comme l'écriront certains auteurs, dont certains nobles et non des moindres, à commencer par Philippe Égalité, suivi par le marquis de Jonquière, Le Peletier de Saint-Fargeau...

L'ironie, amère en cette circonstance, et la saisie d'une rare opportunité ont permis au comte de Provence, dans la même journée, de se proclamer – autoproclamer serait plus adéquat – régent de France ; et au comte d'Artois, pourtant un des favoris de la reine, lieutenant-général du Royaume.

On ne sait jamais, si des rivaux s'étaient par malheur déclarés.

Pour mémoire, 361 membres de la Convention votent la mort du Roi, contre 360 favorables au bannissement ou à la prison à vie, d'où il aurait, peut-être pu sortir sain et sauf ; dont 22 % de francs-maçons.

Chapitre XXXI

Que sont-ils devenus ?

Cachot-guillotine-hache-fusillade-massacre-noyade

Le boomerang révolutionnaire est sans pitié et l'adage que la Roche tarpéienne est fort proche du Capitole trouve ici sa véracité. Que l'on en juge par les retours de flammes n'épargnant personne et, a fortiori, ceux qui contribuèrent le plus à faire « la Révolution » parmi les francs-maçons.

Le point de déclenchement de ce nouvel aspect des affaires et des flammes où se brûlèrent les révolutionnaires est à trouver dans la fusillade du Champ-de-Mars du 17 juillet 1791. Cette « fusillade » ne fait certes pas partie des moments les plus savoureux de cette période, mais à partir d'un seul coup de feu se déclenche une série de réactions.

Un « Américain », Fournier, aurait tiré sur La Fayette. Geste impardonnable. La garde nationale riposte : résultat, une petite quarantaine de blessés et quelques tués.
C'est suffisant.

Les membres du club des Cordeliers, Hébert en tête, suivi par Momoro et Vincent sont arrêtés. Des ordres sont lancés à l'attention de Desmoulins, de Marat, de Danton qui réussissent à s'enfuir, mais le club est fermé.

Le maire de la capitale, Bailly, profondément écœuré par les massacres des émeutiers, est à son tour arrêté, en vertu d'une loi curieusement dénommée « loi des suspects », et sera guillotiné.

La fraternité vole alors en éclats, on laisse tomber « ses frères » sans un battement de cils.

Tous sont à présent suspects. À commencer par Desaix, le héros de Marengo, dénoncé pour avoir eu dix-sept parents émigrés et qui ne dut son salut qu'à la fuite ; Herman, fidèle de Robespierre, condamné pour des présumés couplets dits « liberticides ». Personne ne sait ce que le terme veut dire.

Hébert, fondateur du journal le plus extraverti des révolutionnaires – sic – est guillotiné pour avoir « volé dans la caisse » et, de plus, pour avoir calomnié Danton. Le piquant dans cette affaire est que Danton lui-même est guillotiné la semaine suivante au motif d'avoir voulu « faire massacrer, et d'un seul coup, tous les patriotes ».

Chaumette suit dans la même charrette, lui un des organisateurs du culte de la Raison, accusé de conspiration avec l'étranger. La formule sera reprise à bon compte pour en liquider plus d'un.

Brissot, c'est une autre affaire. Deux de ses amis lui tournent d'abord le dos : Marat et Desmoulins, au prétexte qu'il a, lui aussi, organisé les massacres de septembre.

Brissot aura beau riposter avoir été le premier à proposer, dès 1791, la République, on répliquera que ce n'était que dans le but de favoriser la « fusillade » du Champ-de-Mars.

Le comble, car cela en devient ridicule et risible, pour ne pas dire pathétique, est le chef d'œuvre des accusations portées contre lui. Il aurait reproché à Desmoulins de s'être fait le porte-parole des casinos et autres maisons de jeux.

Desmoulins s'arrachera, dit-on, les cheveux en apprenant sa condamnation à mort, ce qui n'est que justice après tout.

Marat, quant à lui, va se déchaîner contre le physicien Lavoisier, lequel sera condamné : il le sera parce que la République « n'a pas besoin de chimistes ». Il sera guillotiné en 1794.

Marat utilisera son journal – c'est dire le rôle de la presse dans ces affaires – *L'Ami du Peuple*, pour demander à tous ceux qui le lisent de dénoncer sans vergogne « les ennemis de la République ». Dans la foulée, on exécutera l'encyclopédiste Guillaume de Malesherbes, âgé de soixante-quinze ans.

Barnave sera, lui aussi, condamné à mort, suivi par le prince Victor de Broglie, pourtant chef d'état-major de l'armée du Rhin, et par le duc de Biron, général en chef, lui, de la même armée du Rhin.

L'émigration

L'émigration à compter de 1789 résulte d'une double impuissance :

- celle d'abord des aristocrates, mais également de la haute bourgeoisie et des officiers, de réagir par une politique efficace et des propositions hardies ;
- celle du Nouveau Régime d'instaurer une monarchie anglaise.

Le premier à s'enfuir, ou plutôt à partir en promenade, avec, dit-on, un air d'amusement et sa maîtresse, Yolande de Polastron, fut le futur Charles X, à Turin.

Il faut bien considérer qu'avant qu'elle ne devienne un véritable calvaire – vingt cinq ans de fuite à travers l'Europe et sans crédit – l'émigration fut une mode de l'Ancien Régime. Car munis de passeports, les émigrés de 1789 purent parfois, pour certains, revenir dans le royaume et en repartir. On croit rêver.

Cette émigration compta jusqu'à 160 000 personnes, les plus entreprenants se rendant au Nouveau Monde. Elle succéda, quelques décennies plus tôt, à celle survenant après la révocation de l'édit de Nantes, qui vit les protestants se rendre en Hollande-Angleterre où en Afrique du Sud pour les plus audacieux. Là encore, les statistiques témoignent de son importance : près de 100 000 personnes[1].

L'émigration s'inverse à compter de 1792 avec davantage de membres du Tiers-État – bourgeois, avocats, marchands… – et, curieusement, des paysans, notamment ceux vivant aux frontières. Et ces acteurs forcés

1. Le comte de Provence partit le même jour que Louis XVI, en juin 1791 sans être inquiété.

n'étaient pas tous adversaires de la Révolutions. Ils l'avaient, au contraire, soutenue et c'est la raison pour laquelle les émigrés se séparèrent eux aussi en deux camps, une fois à l'étranger.

Dès lors, les événements se précipitent. Les royalistes commencent à partir, non plus isolement, mais par petits groupes, en emmenant même leurs domestiques. L'émigration n'est pas encore considérée comme un délit, puisqu'on peut obtenir aisément un passeport, mais elle va le devenir rapidement.

Bien évidemment, parmi les nobles émigrés figurent des francs-maçons opposés à l'évolution de l'insurrection.

Ainsi du cardinal de Rohan, le héros de l'affaire du collier, le comte de Grasse-Tilly, Fourier ami de Willermoz, Beauharnais, l'époux de Joséphine, Toulouse-Lautrec, Dupont de Nemours. Ce sont des noms qui comptent. De Grasse-Tilly nous est connu pour avoir importé, du Nouveau Monde en France, le Rite Écossais Ancien et Accepté.

La liste des francs-maçons ayant émigré entre juin 1789 et 1793 permet de constater que l'unanimité ne se fit pas dans leurs rangs, mais pour des motifs non identiques pour les uns et pour les autres.

Il ne faut pas s'y tromper car, à l'évidence, cent cinquante députés prirent des passeports pour émigrer dès septembre 1789, dont une quarante de francs-maçons, dont Rochechouart, Montmorency-Luxembourg, Agoult, Mailly d'Hautcourt…

Certains, ayant « correctement » servi la Révolution, devinrent, sous la pression des événements, suspects, et furent arrêtés et guillotinés.

Leurs amis prirent peur et s'enfuirent avant pareille destinée. Cela concerne les francs-maçons pour lesquels l'évolution des événements leur semblait à présent totalement contraire à leur mentalité.

C'est dire par là que l'unanimité de façade, qui prévalait lors de la soumission des cahiers de doléances et la convocation des États généraux, avait quand même volé en éclat. De l'autre côté, celui des révolutionnaires à tout crin, qui n'étaient pas francs-maçons, le même comportement fut décelé, dès lors que tous devinrent éminemment suspects à tous. C'est le revers fatidique de toute médaille, même les plus angéliques.

Dans le camp des francs-maçons, on pourrait distinguer trois groupes :

- ceux qui restèrent dans la Révolution, plus ou moins à leurs risques et périls, qui firent une carrière sous l'Empire, ayant habilement et fort rapidement retourné leurs uniformes ;
- ceux qui émigrèrent et participèrent à la « contrerévolution », du moins à ses débuts, celle de la fameuse armée du prince de Condé. Ils constituèrent le camp des « aigris » ;
- ceux qui émigrèrent définitivement, pourrait-on écrire, et qui ne voulurent point se mêler davantage aux événements. Ou ceux à qui les mêmes événements furent contraires, car ils avaient tout simplement fait leur temps.
  Ils disparurent dans les tourments et dans la tourmente. On les retrouva aux côtés des Prussiens, des Autrichiens de Russie, toujours plus ou moins déçus. Les deux derniers groupes se fondirent ensemble pour rentrer en France avec les canons et les fourgons de l'ennemi en 1814 et 1815.

Le sort de ces émigrés va évoluer défavorablement. Ils ne sont plus *persona grata* dans les cours européennes.

Il faut également noter que plus de 70 % des officiers nobles francs-maçons émigrèrent entre 1789 et 1793. Une des principales causes en étant l'affligeante indiscipline de leurs troupes, ce qui devait peser défavorablement dans les premières batailles, et ce, principalement dans la marine. Ce point est très important, car il explique facilement les terribles revers que nous infligea la marine britannique.

Ce qui frappe le plus clairement l'historien est l'aveuglement de ces émigrés, toutes familles confondues. Les uns veulent une monarchie « à l'ancienne », caricaturale même ; les autres un libéralisme de bon aloi, avec des barrières du genre « chacun pour soi ».

Les plus lucides comprirent alors que leur retour pouvait être la page de leur avenir. C'est à Bonaparte qu'il revint d'en accélérer le mouvement.

Une seconde partie devait alors s'engager sur les « biens nationaux », c'est-à-dire les propriétés acquises « illégalement » par de nombreux propriétaires. Louis XVIII, en perspective de luttes interminables, dut adopter une attitude conciliatrice – on dira de renoncement – en déclarant que les propriétés concernées demeuraient inviolables.

Le « milliard des émigrés » équivalait à soutenir que les émigrés avaient été injustement dépossédés de leurs biens.

Voici, à présent, le sort réservé à certains francs-maçons.

- Choderlos de Laclos « épargné » par la vindicte de la Terreur, mourut à l'étranger en 1803.
- Duport le célèbre auteur de l'abolition de la peine de mort, s'enfuira en 1792, revint en France, et repartira pour mourir à l'étranger en 1798.
- Le duc d'Aiguillon émigrera en 1792 et mourra à Hambourg en 1800.
- Le duc de Montmorency émigrera en 1791 et, après un long temps d'exil, reviendra mourir en France en 1826.
- L'abbé Grégoire émigrera en 1791, suivra un long chemin d'exil, car rejeté par les siens et reviendra en France après la Restauration. Il devait mourir en 1831.
- Le peintre Vernet suivra rapidement les princes en exil, revint à la Restauration et décédera en 1836.

Chapitre XXXII

L'affaire des guerres de Vendée

La révolte des colons d'Amérique et sa réussite tiennent à deux faits étroitement liés, mais qui eurent incontestablement une influence certaine sur le déroulement de l'action révolutionnaire française.

D'abord l'Angleterre sortait victorieuse de la guerre de Sept Ans, mais épuisée financièrement et matériellement et déjà aux prises avec une rébellion larvée sur le continent américain.

Ensuite, avec Vergennes, la France venait de se doter d'une importante escadre nous donnant provisoirement une supériorité.

Enfin, de petits succès en petits succès, la flotte royale réussit à vaincre en partie la marine anglaise, ce qui ne put que susciter les jeunes nobles de s'y engager à leur tour.

C'est ainsi que François Athanase de Charette de la Contrie[1] reçut son premier ordre d'embarquement en 1780. Il participa donc, jusqu'à la reddition anglaise de Yorktown, à « d'immortelles » batailles contre les Anglais.

Il n'est pas avéré qu'il ait séjourné longtemps dans les ex-colonies anglaises, mais il a dû faire relâche avec son navire *Le Hardi*, plusieurs

1. Postérieurement, il fut appelé Monsieur de Charette.

fois, ce qui lui permit de faire connaissance non seulement avec les idées de la guerre d'Indépendance, mais plus vraisemblablement avec les loges d'outre-Atlantique visitées par d'autres nobles venus de France.

À vingt-trois ans, il obtint le commandement du *Dauphin* servant dans les Antilles. Puis, de retour sur le Continent, en Méditerranée, et plus particulièrement à Toulon, d'où partirent les premiers feux de la Révolution.

Lesquels feux furent suscités par l'indignation des matelots menés à rude épreuve par des officiers, dont parfois la seule qualité était d'être de la noblesse. Et d'une autre planète en vérité.

Les germes destructeurs de la Révolution trouvent donc là, à Toulon, de quoi proliférer. Suivent très naturellement les ouvriers du port.

Charette se mit alors en congé et demanda sa mise à la retraite.

Il devait épouser une cousine plus âgée que lui, alors qu'il convoitait la fille. En 1791, il émigra à son tour et passa en Rhénanie, bien qu'il se défendît d'émigrer pour simplement rejoindre Coblentz où régnait le comte de Provence. Finalement, Charette s'y ennuie, ne croyant guère au succès de l'armée de Condé.

En septembre 1791, le Roi, du bout des lèvres, a prêté serment à la Constitution, mais personne n'est dupe. Il s'agit simplement, dans les deux camps, de gagner du temps. Charette sera donc aux côtés de la Rochejaquelein dans les bâtiments des Tuileries aux prises avec une populace déchaînée. Partout des émeutes sanglantes éclatent. Ce seront les préliminaires d'autres massacres de septembre.

Fin 1792. La mobilisation générale décrétée par la Convention – trois cents mille hommes – va mettre le feu aux poudres en Vendée et pas seulement à cause du catholicisme ou du regret de la mort du Roi.

Les Vendéens ne voient pas pourquoi ils iraient défendre, en pays ennemi, la Révolution qui vient déjà de faire des coupes sombres dans leur département. Le mouvement vendéen, il faut bien le comprendre, sera prioritairement d'inspiration paysanne et, en mars 1793, la révolte éclate. Partout.

Or, l'insurrection de la Vendée est véritablement une guerre civile, tout autant qu'une guerre religieuse et la révolution, au départ, va perdre toute la région.

Il ne faut pas confondre les guerres de Vendée avec la chouannerie qui fit parler l'elle, mais géographiquement plus au nord. De plus, les chouans furent, le plus souvent, des bandes informelles, inorganisées, se mettant en sommeil pour réapparaître.

Ils portèrent des coups très durs à la Révolution française, et l'un de leurs chefs les plus connus fut assurément Georges Cadoudal.

Les guerres de Vendée – et c'est la raison de leur présence dans ce traité – vont véritablement mettre en présence des forces armées plus ou moins équivalentes.

Les « Blancs » vont choisir pour chef – bien qu'il se soit, le premier jour, caché sous son lit pour ne pas les suivre – François Athanase de Charette et sa douce amie, de La Rochefoucauld, dont le mari aura émigré. Il est franc-maçon affilié à une loge de Nantes depuis son retour des Antilles, tout comme La Rochejaquelein, avec qui il a affronté les émeutes aux Tuileries

À leurs côtés, d'autres francs-maçons : le marquis Tuffin de la Rouërie, le comte de Beaumont, René de La Rochefoucauld, cousin de Charette, Ange Pitou, le marquis de Scépeaux, le comte d'Hervilly, le comte d'Autichamp.

Lors de la prise de Pornic, significative est une missive envoyée par Charette à Vrignault, chargé de diriger un « comité royal » pour la Vendée en insurrection, dans laquelle il emploie, par inadvertance ou rouerie – sachant ledit Vrignault un royaliste enragé– le mot « frère ».
« Frères et amis, nous avons pris Pornic... ». Et de conclure : « Nous sommes frères pour la bonne cause[1]. ».

Mais, dans le camp des républicains, également d'autres francs-maçons. Augereau, devenu plus tard général, le duc de Biron, le comte Merlin de Douai, le marquis de Menon, Joseph Westermann.

1. Michel de Saint-Pierre, *Monsieur de Charette*, p. 80.

Le premier groupe ne vivra pas au-delà de 1795. La plupart seront fusillés, noyés, décapités, tués par traîtrise. Cela ne ressemble pas du tout à la guerre d'Indépendance américaine, étant donné que les aristocrates et les Vendéens perdirent la bataille.

La liste des officiers francs-maçons, telle que présentée par le dictionnaire des Francs-maçons, exclut les loges non reconnues par le Grand Orient.

Se trouvent, dans ce cadre, les loges constituées à bord des navires, notamment à bord de *La Cybèle, La Vestale,* ainsi que des ateliers à Brest et, bien entendu, à Toulon.

Les « Blancs » francs-maçons eurent la destinée suivante :

- le séminariste Ange Pitou, fusillé en mars 1796,
- François de Charette, fusillé en 1796,
- Henri de La Rochejaquelin, tué dans une embuscade, ou plus exactement « noyé »,
- Tuffin de la Rouërie, mort en 1793, guillotiné,
- de La Rochefoucauld, fusillé à Quiberon,
- d'Autichamp, condamné à mort, en fuite, repris, négocia avec Hoche une nouvelle reddition en 1797, et finira pair de France.

Les guerres de Vendée se terminèrent, d'une part, faute de combattants du côté des Blancs et de chef de valeur et, d'autre part, par les fameuses noyades de Nantes qui, à elles seules, firent six mille victimes.

Il n'est pas inutile de rappeler que, sur proposition d'Hervé de Charette (ancien ministre), le 21 février 2007, une loi a été demandée selon laquelle la Révolution française reconnaissait le génocide vendéen.

Chapitre XXXIII

Les acquis maçonniques de la Révolution française

La convocation des États généraux fut décidée en 1788

La prise de rôles des francs-maçons dans la Révolution française doit s'analyser chronologiquement dès avant 1789, au moment où le roi, cédant à ses ministres, décide de convoquer les États généraux, ce que son aïeul Louis XV s'était bien gardé de faire.

La dernière convocation en date remonterait à Louis XIII, c'est dire la répugnance des rois à s'y plier compte tenu d'une antipathie réciproque. En l'occurrence, le mouvement partit de Vizille dans le Dauphiné où il existe un musée de la Révolution.

Les historiens, survolant les statistiques, se limiteront à quelques délégués Francs-maçons sur 1 600 environ. Les statistiques officielles, liste des noms des délégués et délégués suppléants, font état de 300 à 500 francs-maçons sur 1 600 membres des États généraux. Il s'agit quand même du tiers des membres, chiffre relativement important. Et ce tiers de francs-maçons se retrouvera par la suite dans les différentes assemblées.

Il faut bien voir cependant que ces délégués faisaient partie de loges maçonniques, du Grand Orient ou non reconnues par lui, par exemple les loges des vaisseaux de ligne ou même celles affiliées à la Grande Loge d'Angleterre, ce qui fait que les mots d'ordre ou autres instructions circulèrent très vite.

Du même coup, il devient intéressant de situer la répartition des francs-maçons dans les composantes des États généraux. Un état assez précis nous est donné dans *L'Histoire des francs-maçons en France de 1725 à 1815*[1].

Nous pouvons en extraire les données suivantes :

- pour la noblesse, environ 3 500, chiffre considérable ;
- pour le clergé, environ 800 ;
- pour le Tiers-État, environ 15 000.

Nous trouvons ainsi un chiffre de près de 20 000 francs-maçons pour tout le royaume. La composition du Tiers-État est à noter dans tout le pays, à savoir 1 500 faisant partie de l'administration royale, 6 000 négociants et boutiquiers, 1 700 artisans, 2 600 sur divers métiers, 4 000 environ exerçant d'autres activités.

Pour la noblesse, à côté de 600 de la noblesse en tant que telle, c'est-à-dire civile, il faut compter déjà 2 900 servants comme officiers.

Enfin, la répartition entre Paris et la Province peut s'analyser de la façon suivante. La Province l'emporte nettement avec 11 500 « frères », Paris en comptabilise 8 000 environ. L'équilibre se fera entre Paris et la Province au niveau du Tiers-État.

L'adhésion, sans réserve, de la noblesse, hormis l'ennui, a pu entraîner celle du clergé, toutefois à une échelle moindre, mais le nombre de francs-maçons dans le Tiers-État est beaucoup plus important.

Le Serment du Jeu de paume, 23 juin 1789

Il faut bien avouer qu'une lente accumulation de maladresses gouvernementales, jointe à une terrible apathie du Roi dans les prises de déci-

1. Daniel Ligou. Cf. sources bibliographiques.

sions, sans parler de la coterie gravitant autour de Marie-Antoinette, ont amené les représentants du Tiers-État à durcir leurs positions.

L'épisode fameux « [...] nous n'en sortirons que par la force des baïonnettes » est imputable à Mirabeau s'adressant à un autre franc-maçon, le marquis de Dreux-Brézé, maître des Cérémonies, et lui ordonnant d'évacuer la salle.

Sieyès, un des principaux acteurs du drame, va alors s'appliquer à obtenir du Tiers-État qu'il s'allie la noblesse et le clergé pour être plus indépendant à l'égard de la monarchie.

L'assemblée ainsi constituée prend le nom d'Assemblée nationale. Les salles étant fermées par le Roi, la toute nouvelle Assemblée n'a plus d'autre choix que de se rendre à la salle du jeu de paume, proposition énoncée par Guillotin et adoptée à l'unanimité.

Les avocats Duport et Le Chapelier rédigent alors ce fameux « Serment » par lequel l'Assemblée nationale serait « considérée comme telle – c'est-à-dire nationale – quel que soit le lieu où elle serait contrainte de se réunir ».

Malgré quinze régiments entourant Versailles, devant une pareille fronde, le Roi hésite encore. Il se trompe une autre fois sur l'état d'esprit de ces régiments composés, en grande partie, de mercenaires et dont les officiers sont déjà des francs-maçons.
L'armée n'interviendra pas. On connaît la chanson s'appliquant à des états contemporains.

La nuit du 4 août 1789 s'enchaîne donc tout naturellement. La destruction de la Bastille, symbole du despotisme royal va alors rejoindre l'abolition des privilèges, demandée fort paradoxalement par un assez grand nombre de nobles.

Le duc d'Aiguillon, franc-maçon, va s'en prendre avec une fort coupable légèreté, une non moins traîtresse attitude à l'égard de la famille qui le nourrit, très violemment à la « tyrannie féodale ».

Quant au duc de Montmorency, franc-maçon déclaré, il va réclamer purement et simplement l'abolition de la noblesse, sans trop réfléchir, il est vrai. Mais d'autres francs-maçons du Tiers-État montent à la Tribune.

L'abbé Grégoire sera de ceux-là et surenchérira avec l'abolition du droit d'aînesse.

- Le Serment du Jeu de paume – connu et ignoré à la fois – est prépondérant dans les relations gouvernants/gouvernés par l'élaboration d'une **Constitution** reliant les uns aux autres. C'est, par là même, l'abolition de l'absolutisme Louis le quatorzième. Y ont puissamment collaboré les inévitables Sieyès, Barnave, Mounier, Mirabeau.
- L'abolition des privilèges est paradoxalement due à des princes de sang, francs-maçons, le duc de Nemours, le duc d'Aiguillon, tandis que le comte Antoine de Merlin, autre franc-maçon, fit voter la suppression du droit d'aînesse.

La Déclaration des droits de l'homme et du citoyen

Est-ce la surprise numéro un et l'atout majeur de la jeune révolution ? Ce n'est pas véritablement une surprise, car déjà deux francs-maçons en ont avancé l'idée. D'abord, La Fayette – toujours lui – a souhaité qu'une telle déclaration soit placée en préambule de la Constitution ; et quant au jésuite Cerutti, ami du duc d'Orléans, il a publié un mémoire, *Pour le peuple français,* dans lequel les principales idées de la Déclaration sont évoquées.

Dès lors, là encore, les choses vont très vite : ils vont se joindre à Barnave, Mirabeau, Sieyès, pour participer à cette rédaction.

La constitution civile du clergé et surtout la nationalisation des biens du clergé

Ces deux innovations, on l'a vu dans un autre chapitre, sont la conséquence directe de l'anticléricalisme de cette fin du XVIIIe siècle provoqué par le refus du clergé d'augmenter la dotation forfaitaire qu'il versait, alors que la crise financière paralysait la France. Et l'on ne s'étonnera pas de voir derrière ces deux importantes mesures le trio de francs-maçons, précédemment cité.

Mais que l'on juge par la participation à l'une de la liste ci-après donne le vertige.

Sieyès, Merlin de Douai, le marquis d'Estournel, le vicomte de Noailles, le duc d'Aiguillon, Fouché, le comte de Virieu, sans oublier le duc de Montmorency, Cerutti et La Fayette.

Mais à côté d'eux, d'autres noms déjà illustres et qui passèrent à la postérité :

- Pierre Simon de Laplace fut certainement le mathématicien le plus éclairé de son époque, doublé d'un astronome à qui nous devons un traité sur la mécanique céleste, et le système solaire.
  Il sauvera sa tête, émigrera, reviendra après Brumaire et fit une carrière honorable sous l'Empire, pour être désavoué après la Restauration.
- Joseph Lakanal, député de l'Ariège à la Convention, vote la mort du roi en accusant Bouillé d'être un traître et La Fayette un espion anglais.
  Il est surtout connu pour être à la base de la création des Grandes Écoles.
- Pierre François Daunou, d'une famille de protestant, embrasse la religion catholique et devint prêtre pour voter la Constitution civile du clergé. Homme très modéré, il s'oppose à la mort de Louis XVI. On lui doit le programme de l'instruction publique.
- Gaspard Monge, comte de Péluse
  Il participera, lui aussi, à la création de l'École normale et de l'École polytechnique – que Louis XVIII fit fermer – et l'École des arts et métiers.
  Il fut très connu par sa géométrie descriptive.
  Nommé ministre de la Marine sous la Convention, il sauva lui aussi sa tête et rejoindra Napoléon.
- Condorcet, fut l'ami de Turgot, avec lequel il partagea des affinités mathématiques au point d'écrire – outre des documents sur le calcul intégral – un traité sur l'arithmétique politique. Cet ouvrage consistait à mettre en statistique les jurisprudences sur les affaires criminelles.
  Il défendit successivement la liberté de la Presse, les droits de la femme et ceux des Noirs. Il fut le secrétaire de l'Assemblée législative en 1791 et affilié aux Girondins, vota contre la peine de mort de Louis XVI.
  Arrêté, puis mis en prison, il y mourut deux jours plus tard en 1792, dans des circonstances mal élucidées. On dit qu'il se suicida.

– L'abbé Grégoire, autre franc-maçon, proposera l'abolition de l'esclavage et se trouva à l'origine de la fondation de l'Institut.

Il n'est pas étonnant, d'ailleurs, de voir André Duport – loge « Les Sept Âmes Orient de Chambéry – se prononcer en faveur de la peine de mort quelques cent cinquante ans avant son officialisation. Il n'empêchera certes pas la guillotine ou les haches des bourreaux (la hache est utilisée lorsque l'on n'a pas de guillotine sous la main).

– La Marseillaise serait due au franc-maçon Rouget de l'Isle. Ce n'est en vérité qu'un plagiat d'une œuvre de Mozart remarquablement mise en évidence récemment par un de nos frères.

– L'avocat Bienvenue fut, lui aussi, un ardent partisan de l'enseignement public et laïc.

– Faisant suite à Bienvenue, Daunou met alors en place l'instruction publique de 1795. Le comte de Berthollet créera, lui, l'École polytechnique ainsi que l'Institut d'Égypte. De plus, l'école primaire gratuite pour tous est un effet du rapport de Condorcet sur l'instruction.

Citons enfin, pêle-mêle, le comte de Noailles, créateur de la Gendarmerie française ; Lakanal, encore lui, réorganisera l'Observatoire avec Monge et fut un ardent partisan du télégraphe[1].

Enfin, nous avons étudié à part les révolutions françaises, sans nécessairement faire des mouvements insurrectionnels, observées à partir de 1800, une résultante de notre Révolution dans l'effondrement des empires ibériques par exemple.

Au-delà des acquis, il faut noter au passif l'étrange loi due à Le Chapelier – franc-maçon notoire – abolissant le droit de se réunir – c'est-à-dire même pour les francs-maçons – et le droit de grève. Heureusement, cette loi ne survécut pas à son auteur.

Nous devons aussi à Beaumarchais la reconnaissance des droits des auteurs par la création de la société des auteurs. À noter, pour le plaisir, le signe du Bon Pasteur que fait Beaumarchais sur la statue du 4e arrondissement de Paris d'un degré mécanique.

---

1. Qui fonctionna du fait dès 1794 par la victoire de Quesnoy.

L'armée

Il est impossible de passer sous silence l'un des acquis les plus importants de la Révolutions française. Murée dans son orgueil de caste, l'aristocratie de la fin du XVIIIe siècle ne voit pas que les désastreuses guerres ont ruiné son prestige militaire.

Les gazettes ennemies, en leur temps, ont fait des gorges chaudes de la fameuse bataille de Krefeld à la fin du règne de Louis XV.

L'état-major français soupait avec délices et ignorait que la bataille put être décisive. Louis de Bourbon-Condé, commandant l'armée française, ignora même qu'il y eut bataille, que l'affaire était déjà mal engagée. Il refusa de se lever de table.

C'est un Rosbach *bis* qui a enfoncé un peu plus l'aristocratie militaire. Ils purent bien être francs-maçons, certains de ces officiers et émigrés, mais, fort heureusement pour nous, ils laissèrent la place à une autre aristocratie : celle des fils de palefreniers, forgerons, chaudronniers, cabaretiers qui, sortis de la « lie du peuple », balaieront l'Europe à la tête des armées révolutionnaires et impériales.

Parmi eux, quinze maréchaux de l'Europe[1].

1. G. Perrault, *Ombre de la Bastille*, p. 172.

Chapitre XXXIV

Le rôle particulièrement important de certains francs-maçons

Une part importante de la Révolution française tient à la modification des rapports entre les trois classes sociales, la destruction de l'Ancien Régime en apportant la preuve. Mais ce n'est pas la seule et malheureuse ; l'exclusion de l'aristocratie du champ des manœuvres accentuant ce clivage, ce que nous retrouverons après 1815.

La tension, de ce fait, fut exacerbée entre muscadins, sans-culottes, chouans, émigrés et révolutionnaires devant périr sur l'échafaud.

Certes, la monarchie absolue du droit divin cède enfin la place aux droits de l'homme – et de la femme –, mais il est difficile d'appréhender à sa juste mesure le passage des philosophes/physiocrates du monde des lumières à celui de l'échafaud, des massacres de Septembre, etc.

L'interprétation correcte de la Révolution restera donc à faire et la thèse présentée dans cet ouvrage s'efforce de contribuer à des éclaircissements.

La franc-maçonnerie s'est introduite dans la Révolution française, indépendamment du rôle joué par les députés francs-maçons, dans l'élaboration de textes fondamentaux par deux caractéristiques :

- des évènements inattendus jalonnèrent cette période de 1784 à 1792. Le rôle de certains francs-maçons, dans leur déroulement, a été donc plus particulièrement développé en analyse ;
- des francs-maçons, les plus connus d'ailleurs du grand public par leurs écrits, souvenirs, mémoires, explications, donnèrent à la Révolution française un éclairage insolite non perçu par les historiens de cette période, même aujourd'hui.

Évènements politiques, acteurs plus ou moins collectifs, la Révolution française, à l'évidence, ne peut se résumer à ces deux éléments. Mais ce sont les plus importants.

Ensuite, de nouvelles lois toujours en vigueur, d'autres à venir – cf. l'abolition de la peine de mort – et des idées qui feront ensuite, et tout au long du XIXe siècle, leur chemin.

Nous sommes donc très loin d'un complot maçonnique et nous nous insurgeons – à notre tour – contre cette idée relevant d'un archaïsme suranné et d'une mauvaise foi évidente.

Enfin, nous avons eu le loisir de citer des historiens qui, par leur interprétation nouvelle des évènements factuels ci-dessus énoncés, ont indéniablement apporté une vision beaucoup plus périphérique d'une situation tendue.

C'est pourquoi nous allons étudier – succinctement – la biographie de certains des principaux acteurs francs-maçons dans la Révolution française, notamment Barnave, Brissot, Condorcet, Danton, les autres, lorsqu'ils sont cités, sont précédés ou suivis d'une courte notice biographique.

Barnave

Dans les papiers saisis aux Tuileries – dans la fameuse armoire en fer de Louis XVI – les « révolutionnaires » trouvent des papiers fort compromettants pour Barnave. Il est aussitôt arrêté, transféré à Grenoble, ramené à Paris, jugé expéditivement et guillotiné le 29 novembre 1793.

Il aura profité de son incarcération pour rédiger un manifeste intitulé *Introduction à la Révolution française*, où il établira un lien étroit entre la

Révolution française et les progrès de la production économique, ce qui en fait un traité des plus inattendus. Il n'a pas eu le temps de lire Marx.

Par ailleurs, il souligne que la recherche des origines du pouvoir, des conditions qui l'ont rendu possible et des forces que les sous-tendent, est beaucoup plus importante que la question de la légitimité.

Le pouvoir de la démocratie a donc remplacé celui de l'aristocratie. Et là, Barnave ne doit rien à Rousseau.

Il refusa, en revanche, de reconstruire le social sur la seule raison, la démocratie pouvant s'appuyer sur l'opinion publique. Il se défendra d'avoir, au cours de ses envolées à la législative, voulu prôner une « monarchie organisée », un peu à l'anglaise

On le sent nostalgique à la pensée qu'on a « raté » quelque chose en 1789, et c'est souvent là le nœud gordien qui a étranglé la maçonnerie française. « **Les choses, écrit-il, auraient pu se passer autrement »**. « En fait, poursuivit-il, ce qui a été en cause était plus la dérive des institutions – dérive incontrôlable – beaucoup plus que les institutions nouvelles elles-mêmes. »

Il parlera nécessairement de cet « **état révolutionnaire** », mais simplement pour en souligner la transition de phase, mais, en aucun cas, un état définitif. **La France de 1791-1792 n'a pas eu le temps d'avoir des racines**.

Mort à trente-deux ans, ce livret est assurément le testament d'un maçon qui a passé la dernière année de sa vie en prison à réfléchir à ce qui s'était vraiment et réellement passé.

Bonaparte, lui rendant justice, aurait dit qu'il en eut fait un comte sous l'Empire.

Belle épitaphe.

Brissot : Jacques Brissot de Warville (loge « La Fidélité », Orient de Chartres)

Parti à Londres tenter sa chance, vendant sa plume au plus offrant, Brissot connut, à trente-cinq ans, l'embastillement pour avoir diffamé la Reine. Ses adversaires le décrivent ainsi comme un indicateur de police.

Il travaille pour le duc d'Orléans, tout en fréquentant le même club que de Beauharnais. Il forme, au moment de 1789, un petit groupe avec Condorcet, Lanthenas, Bosc, Bancal des Issarts. Il a séjourné aux États-Unis en 1788.

On sous-estime complètement la portée et l'envergure de ces réunions amicales où se cimente déjà un « républicanisme » de bon aloi. Ce groupe ne sort donc pas du produit de la Révolution française, mais de ses racines.

Brissot, tout comme Condorcet, est cependant battu aux élections des États généraux, malgré ses propositions ramenées d'outre-Atlantique comme d'outre-Manche. Il va s'opposer à Barnave en indiquant « qu'aucun pouvoir, si légitime fut-il, ne peut s'arroger l'exercice du droit appartenant à la nation elle-même », en ajoutant que le corps social devait devenir le curseur du pouvoir politique.

Ce en quoi il se démarque fondamentalement de Barnave et surtout de Le Chapelier, autre franc-maçon. C'est donc un point qu'il nous faut noter dans cette étude que la fracture existant – pratiquement avant 1789 – entre les francs-maçons eux-mêmes, mais parmi ceux voulant un changement.
Curieusement, et l'un des premiers, il reconnut à la Presse un rôle essentiel dans la mesure où elle informait, en temps plus ou moins réel, l'ensemble des citoyens des décisions de leur Gouvernement.

Il voulut, de bonne foi, importer – lui aussi – la vertueuse révolution américaine en se fondant sur les communautés ultra-puritaines de Pennsylvanie, où la loi morale contraint la liberté d'expression, comme de mouvements désordonnés.

Il y crut cependant, en essayant de convaincre ses futurs collègues que la citoyenneté, qui allait être de rigueur, ressemblerait à celle des quakers américains.

La fuite du Roi le jeta radicalement dans le camp du refus de la monarchie ; il fut donc tout naturellement le leader et le porte-parole des Jacobins, doublé d'un champion de la guerre.

En mars 1792, il est à son apogée. Pour très peu de temps, persuadé qu'une victoire militaire lui donnerait le pouvoir. Mais Valmy ne fut pas une victoire : on l'a déjà raconté.

Condorcet

Le marquis de Condorcet a représenté, selon Sainte-Beuve, un des plus beaux ornements de l'Ancien Régime.

C'est oublier que ce mathématicien, porte-parole de l'académie royale des sciences, représentait également, en théorie, la convergence des valeurs de la science avec celle d'un état réformateur. Il était donc partisan de réformes sociales – évidentes – mais progressives. 1789 devait le rappeler à une certaine réalité.

Il n'a pas souhaité – et c'est bien le seul franc-maçon – la convocation des États généraux, craignant, à juste titre, l'anarchie et le programme révolutionnaire qui en résulterait.

Il suivit, en la matière, l'exemple d'un autre franc-maçon connu – Turgot, lorsqu'il était ministre – tentant désespérément de convaincre le roi des réformes indispensables **sans** les États généraux.

La base de son raisonnement était le problème qui, inéluctablement, se poserait entre des décisions arbitrairement prises par les membres des États généraux, alors qu'ils n'auraient pas été légalement élus par leurs concitoyens.

Il s'associe avec Sieyès – autre franc-maçon – pour contenir l'inévitable débordement des Jacobins, justement qualifiés par lui de « radicaux ».

En revanche, après la tragique aventure de Varennes, il se prononce pour la disparition de la monarchie – car il ne peut faire autrement – et en faveur d'une république. Il s'associe alors – étrange revirement d'un homme doué « pour la paix » – à la déclaration de guerre à l'Autriche.

Bien que fervent partisan d'une instruction publique obligatoire, en vertu de quoi, on aurait un peuple « éclairé » donc « libre », il commença à devenir suspect, précisément en raison de ses inévitables prises de position différentes d'une année sur l'autre.

Il se battit alors pour un procès du Roi, comme les Girondins. Ce fut le début d'une lutte interminable et sanglante entre Girondins et Jacobins jusqu'à ce que ces derniers l'emportent.

Il dut s'enfuir, profondément meurtri, ayant pratiquement échoué dans ses tentatives d'entraver un ordre « juste et parfait ». Arrêté, il fut « trouvé mort » dans sa cellule en mars 1794.

Son républicanisme, pourtant unanimement reconnu, mais mal compris, était totalement opposé aux idées du règne de la vertu.

Danton

Beaucoup d'hommes, devenus illustres, le doivent essentiellement à la Révolution française, dont ils sont les purs produits.

Ainsi de Danton, s'affranchissant de toute pudeur, montant sur une table le 14 juillet, se retrouve à la tête du club des Cordeliers, et sa réputation de « gueulard » ou, d'une manière plus nuancée de « tribun », fit de lui le « Mirabeau du ruisseau », selon Madame Roland. Car il ne lâchera pas la révolution, même s'il est catalogué par ses adversaires comme n'ayant pas d'esprit de suite.

Il est célèbre par sa triple formule « de l'action, encore de l'action, toujours de l'action » voulait-il par là justifier de son appartenance à la franc-maçonnerie ?

Sans esprit de suite car, fort curieusement, il passe sa vie révolutionnaire, avant ou après les évènements, jamais pendant, pour ensuite partir, revenir, s'enfuir.

Cela ne l'empêche pas de devenir ministre de la Justice, un peu à la grâce des canons, mais qu'il s'est cependant contenté d'écouter, selon Desmoulins.

On a souvent opposé Danton à Voltaire et Rousseau pour écrire que, pour Voltaire, il fallait un trône sans l'autel, pour Rousseau, un autel sans trône, tandis que pour Danton, il ne devait y avoir ni autel, ni trône.

Il fut, par période, l'allié du duc d'Orléans, de Brissot, ce qui prouve bien son éclectisme politique. Il a plaidé, certes, pour le caractère exceptionnel de la Révolution française sans pour autant la renier, pour mieux soutenir Robespierre ou bien l'abattre, selon les circonstances.

En fait, il n'est pas connu par ses positions antérieures à la Révolution française, mais bien dans la transition de phase. Il a de ces formules à ce point alambiquées qu'elles plongent ses adversaires, sans parler de ses amis provisoires, dans l'étonnement. « Il est impossible de faire la Révolution génétiquement. »

Cependant, on lui doit, comme à d'autres, l'idée du régime parlementaire à l'anglaise, c'est-à-dire avec un Gouvernement issu du législatif, mais distinct de lui. C'est à lui, toutefois, qu'on doit le renforcement – presque radical – des tribunaux révolutionnaires, ce qui l'éloigne un peu de nous.

Son enthousiasme est contagieux et on peut le déplorer car, en 1793, il mobilisera le citoyen pour se battre contre l'ennemi, alors qu'il eut fallu conclure une paix honorable.

Un point fort obscur demeure : sa vénalité. Il a acheté des biens nationaux à vil prix, et constamment arrondi ses biens sans avoir d'argent.

Mirabeau – qui sait ce dont il parle pour avoir été un des premiers à en profiter – dira que l'argent de Danton, contre toute attente, vient de la cour ! Ou du duc d'Orléans, une des premières fortunes de France ! Ou bien de ses agiotages dans la compagnie des Indes !

Ses ennemis diront qu'il s'est froidement servi dans la caisse de l'État. À commencer par les bijoux de la couronne, déposés au garde-meubles.

Il a cherché – et il y est parvenu – à exporter la Révolution française outre-mer et de l'autre côté des Alpes. Il tombera – ce qui n'est que justice après tout – sous l'inculpation d'une dictature sans indulgence.

Il disparut donc, très logiquement guillotiné en avril 1794.

Chapitre XXXV

D'AUTRES RÉVOLUTIONS FRANÇAISES

Le terme « révolution française » s'applique-t-il également aux différentes rebellions, révoltes, ou autres insurrections, apparues pratiquement à la même époque ?

Certainement, si l'on se réfère à l'histoire des peuples et des civilisations entre 1775 à 1800, moins si l'on pense y trouver la main des francs-maçons, sauf si une étude sérieuse était conduite dans ce sens et qu'il serait intéressant et inédit de mener à bien.

Examinons ces dates et les évènements pour entrevoir leur concordance avec la Révolution française et tentons d'y percevoir la circulation et des hommes et des idées.

Donc, indépendamment de la guerre d'Indépendance américaine, surgissent, préalablement à la nôtre, deux insurrections en Europe même.

Il convient de nommer par ordre chronologique le cas de la République des Provinces unies, marquées par la guerre anglo-hollandaise.

Nous sommes donc en 1780. Un manifeste des révolutionnaires patriotes apparaît, sous couvert de « l'appel du peuple des Pays-Bas » ; Guillaume V d'Orange s'enfuit et les affrontements tournent à la guerre civile entre patriotes et orangistes. Tout rentra cependant dans l'ordre après l'intervention prussienne en 1787.

Frédéric II protège, certes, les francs-maçons de son État, mais il les veut à sa dévotion et surtout à ses ordres.

Plus grave est le cas des Pays-Bas autrichiens – plus ou moins la Belgique actuelle –, la réforme de Joseph II et du gouvernement autrichien passent très mal et, en 1789, les troupes impériales tirent sur la foule. Une « société secrète » prépare activement une insurrection générale.

Est-elle dirigée par les francs-maçons ? Le 11 janvier 1790, les États Belgique unis sont proclamés. Mais l'intervention sanglante des troupes autrichiennes rétablit l'ordre.

Or, Joseph II d'Autriche, considéré un court moment comme un prince libéral, se méfiera terriblement des francs-maçons de son empire, d'autant que la Grande Loge d'Autriche dépendait plus ou moins de celle d'Angleterre.

On le voit par ces deux exemples, une révolution « spontanée », même provoquée par des ressentiments profonds, est contrebalancée par des interventions lourdement armées. Le temps leur a particulièrement manqué.

La singulière volte-face de Catherine II de Russie est à signaler. Après les avoir protégés, elle les bannit de son empire, notamment Cagliostro. Pourtant, elle n'aura pas dédaigné le petit chevalier d'Éon.

Pour l'exemple, citons brièvement des soulèvements locaux en Europe centrale, rapidement réprimés par l'armée. Ainsi, de Jacqueries en Transylvanie (1784), en Bohême (1775) relativement identiques cependant aux rebellions constatées en France de la part des canuts (Lyon 1786), sans oublier, bien évidemment la guerre des farines en 1775, qui laisse des traces dans le mécontentement général.

En 1775, les colons américains, souhaitant étendre leur rébellion, envahissent les provinces françaises du Canada, pour le moment plus ou moins occupées par les anglais, espérant leur concours et leur offrant un soutien armé.

Il est donc tout à fait surprenant, venant immédiatement après la perte du Canada due à la fatale guerre de Sept Ans, que les « colons » français n'aient pas suivi. Tout au contraire, ils devinrent, fait assez paradoxal, loyalistes et « émigrèrent » même dans les territoires anglophones.

Leur participation à la guerre d'Indépendance, contrairement à leurs parents restés en France, est possible. Par ailleurs, aucune archive n'est disponible quant à la formation d'une loge maçonnique dans l'ancien Canada français.

L'expansion des volontés indépendantistes, très en vigueur dans les Antilles françaises, avec pour conséquence l'abolition de l'esclavage, ne se traduit pas dans les années qui suivent 1789-1793. En effet, il fallut attendre l'entrée dans le XIXe siècle pour apercevoir les premiers signes des soulèvements des colonies espagnoles et portugaises.

Encore faut-il nuancer ce propos par l'invasion de l'Espagne par Napoléon à partir de 1809, ce qui oblige le gouvernement espagnol à ne plus s'occuper du tout de ses colonies.

Et même lorsque l'Angleterre rétablit l'ordre en Espagne, au lendemain de la chute de Napoléon, et même lorsque le nouveau gouvernement espagnol envoya des troupes pour reprendre son autorité, les chocs furent partiels, espacés, et il fallut donc attendre le milieu du XIXe siècle.

Ces révolutions sont sans commune mesure avec celles des ex-colonies britanniques.

Enfin, car il s'agit là d'une véritable révolution – jamais réprimée véritablement dans les faits – la contestation de l'ordre colonial dans nos colonies d'Amérique. Le point d'origine en est la révolution dite « de Saint-Domingue » pour laquelle l'apport des francs-maçons est déterminant.

En moins de trois ans – à partir de 1790 – les révoltés obligent la République à abolir l'esclavage, le chef de file ayant pu être le franc-maçon chevalier de Saint-Georges. Il fut considérablement aidé, là encore, par une grande partie de l'élite coloniale, prenant délibérément parti contre les « commissaires » parisiens.

Chapitre XXXVI

Ni complot, ni conspiration, mais participation effective

À ce niveau, il convient de brosser à nouveau un récapitulatif permettant enfin une vue d'ensemble.

Toutes ces données, fragmentaires, il est vrai, parce qu'obéissant à une priorité de présentation, permettent, sinon d'établir, du moins de supposer, le rôle éminent des francs-maçons dans la préparation de la Révolution française et dans ses premiers mois d'exercice du pouvoir.

Le nombre très important de francs-maçons, dans les différents évènements, peut, à l'évidence, révéler leurs convictions à travers leurs actions.

Que certains d'entre eux fussent nobles et de grande noblesse – ayant, de ce fait, tout à perdre dans un renversement radical du despotisme – n'est pas pour nous surprendre.

Que des membres du Tiers État, et même du clergé, se fissent les ardents propagandistes de ces thèses défendues, à commencer par l'abolition des privilèges, les droits de l'homme, etc. est parfaitement compréhensible au regard de l'évolution des mentalités dans cette seconde moitié du XVIIIe siècle.

Mais il n'y a pas, à proprement parler, de complot maçonnique, ni surtout de conspiration templière, pourtant dépassée au niveau de l'idée. Nous pensons qu'ils ont cru, de bonne foi à la possibilité d'une révolution vertueuse à la manière de la guerre d'indépendance américaine.

Qu'il y eût du sang leur paraissait aussi inévitable. Mais, en aucun cas, ils n'ont pu préparer les massacres de septembre, la guerre de Vendée et les atrocités, causés au nom de la Nation, pendant des années.

Certains d'entre eux, et non des moindres, périrent sur l'échafaud, beaucoup émigrèrent à partir de 1792, certains demeurèrent ou tournèrent casaque pour se retrouver plus ou moins actifs sous l'Empire.

Contrairement donc aux idées reçues, ce fut beaucoup plus l'évolution fantastique de la mentalité générale du royaume – indépendamment des crises économiques, style la guerre des farines – qui permit le déchaînement des violences à partir du Serment du Jeu de paume.

Mais, rappelons-le pour bien comprendre la thèse de cet ouvrage, deux faits déclenchèrent, à partir début 1792, les sanglants évènements révolutionnaires. Ce sont respectivement la nuit de Varennes, et la bataille de Valmy.
Dans le premier cas, le Roi s'est enfui. Seul un coupable peut s'enfuir. Dans le second cas, il a appelé les Prussiens à la rescousse. Moralité : il a bel et bien trahi. Son sort était désormais réglé.

Mais une accumulation de fautes et d'erreurs ont largement pesé de tout leur poids sur le jugement des Français. Les frasques de Marie-Antoinette, ses folles dépenses succédant à celles de la du Barry, son mépris de la pauvreté, contribuèrent fortement à la disgracier presque totalement aux yeux des Français.

L'épisode rocambolesque de l'affaire du collier est très représentatif de la montée en épingle de cette aversion envers l'Autrichienne, et l'acquittement du cardinal de Rohan désignait ipso facto la Reine comme la seule coupable. On allait s'en souvenir au moment des règlements de comptes.

Nous avons consacré quelques chapitres destinés à éclairer la révolution des idées à travers l'instruction, les gazettes, les journaux – imprimés parfois en Hollande. Rappelons, à cet égard, que les physiocrates, fort en cours à Versailles, défendaient une instruction primaire obligatoire et gratuite.

Physiocrates et philosophes, à la manière d'Helvétius et Voltaire, contribuèrent, par leurs placets ou autres libelles plus ou moins anonymes, à une large diffusion de certains thèmes de liberté.

L'origine des salons, clubs, cafés serait certainement à étudier plus en profondeur pour discerner les vrais motifs derrière leur création et l'engouement qu'ils suscitèrent.

Enfin, *Le Mariage de Figaro* – interdit, autorisé, interdit, ré-autorisé – fut incontestablement un succès populaire.

Le fait d'ailleurs que la foule, toujours versatile, se presse autour de son carrosse comme autour de celui de Cagliostro ou du cardinal de Rohan plaide en faveur de l'envie de voir de nouvelles têtes d'affiches et, disons le mot, de nouvelles stars.

Tout comme pour bien faire comprendre que la franc-maçonnerie française peut opérer dans un terrain déjà bien préparé, le nombre impressionnant des loges est indicatif de cet état d'esprit.

De deux cents loges recensées par le Grand Orient en 1780, sans parler des loges irrégulières, non déclarées, etc., nous en trouvons 630 en 1789. Le pas est gigantesque en moins de dix ans et il faut en percevoir la portée. Quant au nombre des francs-maçons, il plaide, lui aussi, en faveur d'une organisation très structurée.

C'est la seule en face du pouvoir.

Leur nombre. Voici les chiffres :

		Province	Paris	Total
Clergé	:	403	324	727
Noblesse	:	1 507	1 860	3 367
Tiers-États	:	8 257	6 108	14 365
		10 167	8 292	18 459

Ce total laisse rêveur[1].

1. Tableau des loges reconstitué par le Grand Orient – Archives de La Bastille.

Indépendamment des ateliers parisiens, nous recensons dix loges masculines à Lyon à côté de trois loges féminines d'Adoption, sept loges à Montpellier, quinze à Toulouse.

Or, vue de Paris, cette organisation plus ou moins secrète et discrète – ce qui n'est pas toujours le cas – est plutôt mal perçue. Même en province, où elle se répand rapidement, on la soupçonne de se livrer à des activités plus ou moins sulfureuses.

Mais, à aucun moment, l'opinion française, dans son ensemble, ne voit en elle les racines d'un complot visant depuis longtemps le renversement des Bourbons et certainement pas des Capétiens, si on veut parler de la vengeance de Jacques de Molay. Mais les faits sont cependant plus têtus que les idées.

Secret, discrétion, dissimulation – même au travers des décors ou autres colifichets – existent certainement au moment précis où se catalysent des évènements. Il n'y manque plus qu'une étincelle pour mettre le feu.

Tout le monde, il faut le reconnaître, prendra le carrosse en marche, car l'impréparation fut générale. Mais nous rejetons catégoriquement la thèse de la conspiration de la franc-maçonnerie française, voulue de l'étranger.

Mais le tissu social était préparé, c'est en quelque sorte mai 1968, ou peu s'en faut. On imagine les dégâts qu'aurait causés l'Internet.

De l'étranger, venons-nous d'écrire. Bien sûr, les illuminés de Bavière relayant les propos de la « Stricte Observance » ont joué un rôle, même minime. Mais l'impact de la révolution américaine est indéniable, et la publicité qui lui fut donnée porta un sévère coup à l'absolutisme royal, qui pourtant avait contribué à la faire réussir.

Le boomerang, en la matière, était inespéré. D'ailleurs, les gazettes anglaises de William Pitt s'en réjouirent bruyamment.

De ce fait, les idées fort libérales d'émancipation quel que soit le niveau, traitées dans les loges se répandirent obligatoirement **en dehors** des loges, mais pas à leur insu cependant.

Les francs-maçons en parlèrent donc inévitablement autour d'eux, dans leur profession ou dans les dîners, et plus encore dans les voyages.

Chapitre XXXVII

Les écrits antimaçonniques

L'histoire d'un complot dirigé contre la monarchie française est née de l'aventure rocambolesque des illuminés de Bavière, alors dirigés par Adam Weishaupt, professeur de droit à l'université d'Ingolstadt, et fondateur de cette association, cherchant désespérément à se rattacher à la franc-maçonnerie allemande.

Il n'est pas sans intérêt de noter que Weishaupt, sous le nom de Spartacus – qui est déjà en soi tout un programme – s'en prenait prioritairement aux jésuites et aux rois. Ces derniers étaient accusés d'avoir accaparé indûment les territoires sur lesquels ils régnaient actuellement, faisant des habitants de ces terres plus des esclaves que des citoyens.

> « Cette race d'hommes, n'hésitait-il pas à écrire, servent non une Nation, mais un despote. »

Jusqu'en 1780-1785, ces gesticulations pouvaient passer pour anodines, pour bruyantes qu'elles furent.

Ils furent cependant suivis par un flot continuel de recrues, s'en prenant également à la Stricte Observance allemande ou ce qu'il en restait. Weishaupt prétendait détenir le véritable idéal de la maçonnerie, à savoir un humanisme – ou plutôt un humanitarisme – égalitaire et fraternel.

Ils eurent contre eux les autres francs-maçons, défenseurs des grades écossais, c'est-à-dire des hauts grades. Il s'ensuivit des heurts incroyables entre frères templiers de la Stricte Observance, les illuminés de Bavière et les maçons restés fidèles à une parfaite orthodoxie des travaux.

Le point culminant fut la décision de l'Électeur de Bavière qui, par un édit de 1785, exigea la dissolution de l'association. Weishaupt s'enfuit, mais ses principaux collaborateurs furent incarcérés.

La franc-maçonnerie fut attaquée publiquement par des ouvrages dans lesquels elle fut rendue responsable de la Révolution française et, par une étrange confusion d'idées, ces ouvrages, pourtant contemporains des faits révolutionnaires, apportaient plus d'arguments en faveur de ceux qui œuvrèrent pour la Révolution française.

C'est pourquoi il convient de ne pas confondre les associations mystiques, du genre des illuminés de Bavière, avec les loges françaises, beaucoup plus préoccupées d'un développement social harmonieusement préparé que d'une inévitable fièvre révolutionnaire.

En clair, ces illuminés de Bavière et autres sectes, fort florissantes en Allemagne, sans parler des « Templiers lyonnais » avaient pris la vengeance de Jacques de Molay à la lettre et malheureusement fort au sérieux.

De plus, Weishaupt était allé beaucoup trop loin dans ces allusions déjà très subversives. L'abbé Barruel, fort connu par ses ouvrages délibérément antimaçonniques, s'inspira de Weishaupt pour dénoncer allègrement la franc-maçonnerie comme étant l'instigatrice directe du mouvement révolutionnaire

Il eut son heure de gloire à l'époque même, puisque son ouvrage, édité dès 1789, connut plusieurs éditions et l'origine du complot est à trouver chez lui avec une erreur monumentale.

Il se servit des thèses de Weishaupt – égalitarisme radical, anticléricalisme abrupt, suppression de la noblesse, de la royauté – comme étant celles des francs-maçons français. Ce qui est littéralement inexact, à l'exception bien entendu du mystique lyonnais Willermoz.

Mais cela s'explique aisément lorsqu'on connaît les liens très particuliers que ce dernier mena avec la franc-maçonnerie templière allemande.

Il prit, lui aussi, fait et cause pour la vengeance de Jacques de Molay avec une parfaite crédulité, une incroyable candeur, une rare ignorance ou une volonté cachée d'en découdre et d'en ressortir victorieux.

Un autre ouvrage contribua fortement à répandre la vengeance directe des Templiers. *Le Tombeau de Jacques de Molay*, paru lui aussi à l'époque, c'est-à-dire en 1795, visait exclusivement la maçonnerie. L'auteur en était, une fois de plus, un franc-maçon « repenti », Cadet de Gassicourt : « Hâtez-vous, écrivait-il, de délivrer la France... »

Cadet de Gassicourt reprenait à son compte un livre de Dupuy, paru en 1634, *Histoire de la condamnation des Templiers*, où étaient notamment évoqués les « hauts grades chez les Templiers ».

Cet ouvrage est fort curieux, car Dupuy indique que Jacques de Molay en personne avait procédé à la création de quatre loges-mères templières. Leur but : « exterminer la race des Capétiens et fonder une république universelle ». On n'avait plus de Capétiens, mais il restait les Bourbons.

On peut voir, par l'exposé de ces documents, à quel point on en était arrivé, à partir d'une vengeance héréditairement transmise, donc plus actuelle que jamais, alliée à un fanatisme régicide.

Le seul bémol, et il est de taille, est que ces mouvements, non du menton mais suivis de gestes empreints de fatalité, ont vu le jour en Allemagne et non en France et que, par conséquent, il est fort curieux qu'il ne se soit rien passé en Allemagne.

Les écrits dirigés contre la franc-maçonnerie reprendront plus tardivement les thèses défendues dans les ouvrages parus pratiquement au cours de la Révolution. Et c'est bien d'une dénaturation et d'une confusion que naîtra le rejet de Barruel et consorts, accusés d'être antimaçonniques.
Ce qu'ils furent incontestablement. Mais, paradoxalement, ils amenèrent de l'eau au moulin du rôle joué par la franc-maçonnerie dans la Révolution française.

Barruel ira même plus loin que Cadet de Gassicourt, car, outre le fait d'imputer la Révolution française aux francs-maçons, il n'hésitera pas à écrire que le complot a été ourdi par les Templiers. Ce qui enterre toute légitimité à son ouvrage par la verve outrancière déployée.

De ce fait, nous ne pouvons le suivre sur ce terrain et nous dénonçons catégoriquement le parti-pris de l'auteur. Fort heureusement, le livre n'est plus vendu, ni référencé, mais il a pu, en son temps, avoir quelques retombées négatives.

Là où le bât blesse, c'est lorsque Condorcet – un des francs-maçons de la Révolution française – avance dans son *Esquisse d'un tableau historique des progrès de l'Esprit humain* que les Templiers, comme les cathares, relevaient du manichéisme, c'est-à-dire la doctrine suivant laquelle le monde était tout simplement divisé entre le Bien et le Mal. Les peuples opprimés devaient, par conséquent, se soulever.

Mounier, qui n'était pas franc-maçon, rappelons-le, de retour d'exil, après avoir fait partie de la Constituante, écrivait des lignes prophétiques :

> « Il ne suffit pas de déplacer l'autorité souveraine avec violence et de la remettre en d'autres mains sans établir des barrières qui garantissent de l'abus de pouvoir, et qu'il faut craindre la tyrannie populaire encore plus que celle des rois. »

Et cette phrase révélatrice : « [...] et qu'on **ne s'affranchit pas du despotisme** en **multipliant** le nombre **des despotes** ».

Bref, Mounier rejoignait Joseph de Maistre en raison de la fracture opérée entre les francs-maçons d'avant et d'après la Révolution française, en prenant résolument la défense des loges maçonniques, certainement dépassées par les évènements que pourtant elles avaient souhaités voir apparaître. Il n'en voulait même pas aux « braves martinistes lyonnais », ce qui fait quand même sourire.

Il n'y a donc pas eu de « templarisme révolutionnaire», même issu du convent de Wilhelmsbad, ni de conspiration templière, et encore moins de complot maçonnique. Et ce, malgré la secte des illuminés de Bavière. Mais il faut reconnaître que pour les acteurs/spectateurs des séances illuministes, on pouvait, de bonne foi, craindre une déflagration européenne.

Plus d'un acteur de l'époque étaient sortis du convent intimement persuadés d'une conspiration à laquelle ni la monarchie ni l'église ne sauraient échapper. Ce fut le cas des « Templiers lyonnais » et peut-être furent-ils, à leur insu, victimes de leurs évènements et de leurs fumeuses divagations.

Charles de Hesse, plus ou moins chef de file de la maçonnerie templière allemande, reconnaît dans son ouvrage *Mémoire de mon temps* qu'il lui avait paru évident qu'il y avait une préméditation française visant au renversement de la monarchie.

De plus, naïveté, crédulité ou machiavélisme, il voyait dans l'enfermement de la famille royale au Temple un signe très clair de la puissance templière qui n'avait pas disparu.

Ce fut cette thèse, d'une rare absurdité, que soutint un autre allemand, Haugwitz, dans un mémoire adressé en 1822 aux membres du Congrès de Vérone : une conjuration contre l'ordre social et le souverain s'était nouée à Wilhelmsbad[1].

La source de cette absurdité était malheureusement à trouver dans la défense fort malhabile des « chevaliers bienfaisants lyonnais » et de leurs loges, gratifiés plus ou moins à tort de « révolutionnaires ».

Mais il est vrai qu'à l'intérieur de ces loges, ils laissèrent souvent et la parole et la place à des frères beaucoup plus violents. D'où l'explication finale.

Il nous faut dire un mot d'un récit évoqué par A. Joly[2] où un certain Baron de Batz confiait qu'à Wilhelmsbad se trouvaient des hauts-gradés de loges maçonniques françaises **venus pour recevoir le mot d'ordre contre le papisme** et rapporter en France des instructions.

Parmi eux, continuait ce baron, siégeait Carra, qui nous est connu pour sa participation à la « victoire » de Valmy. En effet, Carra et Danton s'associèrent pour dérober au garde-meubles une partie des bijoux de la couronne et les échanger avec le duc de Brunswick afin obtenir son retrait et son apparente défaite à Valmy. Pour la petite histoire, Carra n'était autre que le responsable de la bibliothèque royale.

1. Cité par A. Joly, *La franc-maçonnerie templière et occultisme*, tome II, p. 802.
2. *Ibid.*, p. 863.

Conclusion

La transformation, cataloguée comme radicale de la franc-maçonnerie à partir du 4 août, est à analyser à partir du suicide maçonnique de la noblesse.

On l'a bien vu, la franc-maçonnerie est passée en France d'un club mondain, assez fermé à une société à mystères – alchimie, occultisme – puis enfin à un club politique.

Son épanouissement se vérifiera avec la nuit du 4 août qui constitua, à n'en pas douter, un tournant des plus important : celui où un monde, « féodalisé » à l'extrême, s'évanouit par enchantement pour laisser place à un univers **social**.

Se sont-ils alors sentis les machinistes d'un nouveau théâtre, voire même d'un théâtre d'ombres, tous ces francs-maçons ? Et ils sont des centaines ici recensés pour avoir levé ainsi le rideau sur un spectacle où le chaos le disputât longtemps à l'harmonie.

Le texte final de tous les longs et beaux discours, nous le devons à l'avocat Duport – rappelons-le, l'auteur d'une première abolition de la peine de mort – lorsqu'il s'écria :

> « L'Assemblée nationale a détruit complètement le régime féodal. »

Alors la franc-maçonnerie force des destructions ? Le chemin révolutionnaire est parcouru de longues nuits : celle du 4 août, comme celle du bosquet du collier, comme la dernière, la longue nuit de Varennes.

Alors crépuscule d'un système ou aurore d'un nouveau ? On s'interrogera longtemps sur le bilan exact de la Révolution française. Ce n'est pas notre rôle ici.

Mais une étude intéressante, parfois dérangeante, serait à écrire sur les mensonges de la Révolution française.

La maçonnerie française n'a évidemment pas fait à elle seule la Révolution, mais l'a préparée et perpétrée, à ses dépens parfois. Elle s'est révélée une incontestable force de frappe en tant que force sociale.

Elle fut une organisation sociale à partir de 1784, sans que pour autant ses nombreux acteurs, décrits au cours des chapitres de ce livre, en aient eu véritablement conscience.

Il est donc vrai de dire que la maçonnerie du XVIIIe siècle a fait l'esprit révolutionnaire à travers ses sept cents loges et ses quelque vingt mille membres.

De son côté, l'esprit révolutionnaire, qui s'était très bien répandu à travers les gazettes, les cafés, les cahiers de doléances etc., a contribué à faire exploser la Révolution ou les révolutions françaises.

Mais, à son tour, ces révolutions françaises ont fini par créer, ou susciter, au XIXe siècle – après un certain sommeil – une nouvelle maçonnerie qui n'avait plus que de fort lointains rapports avec celles du XVIIIe siècle.

Qu'arrive-t-il à un peuple qui, soudainement, déclare son passé condamnable, en bloc, et qui prétend reconstruire la société sur les seuls progrès de la raison ?

La Révolution était-elle inéluctable en raison des graves évènements politiques ?
Certainement, mais, à nouveau, seule une organisation structurée a pu porter les idées au niveau d'une action révolutionnaire.

Louis XVI va mourir sur l'échafaud en expiation de fautes qu'il n'aura pas commises et qui concernent ses prédécesseurs. Mais son aveuglement et sa lenteur d'esprit joueront dans sa condamnation.

Le prince de Ligne, lui-même franc-maçon de haut grade, écrira joliment dans ses mémoires, sans que nous l'approuvions nécessairement :

> « Quant à la Révolution française, elle aura joué les Jean-Baptiste du Nouveau Testament pour un messie qui n'est jamais venu. »

Aurait-il donc fallu s'arrêter avant la nuit de Varennes ?

Toutefois, les huit affaires traitées dans cet ouvrage sont indissociables les unes des autres, car leur enchevêtrement contribuera à la destruction d'un despotisme non éclairé.

De belles pages restent donc à écrire, notamment pour le rôle très important des « sœurs » dans le processus révolutionnaire.

Sources bibliographiques reclassées par grands thèmes

I. – Saint-Germain

CHACORNAC Paul, *Le comte de Saint-Germain*, Éditions Traditionnelle, 1947.

GONCOURT (DE) E. et J., *Madame de Pompadour*, Paris, 1910.

LOUVET Paul, MOURA Jean, *Saint-Germain : Le Rose-Croix immortel,* Éditions J'ai lu, 1969.

POUGET DE SAINT-ANDRÉ, *Les auteurs cachés de la Révolution française*, Paris, 1923.

ROBIN Jean, *La véritable mission du comte de Saint-Germain*, Éditions Trédaniel, 1986.

II. – Le mariage de Figaro

FAŸ Bernard, *Beaumarchais ou les fredaines de Figaro*, Éditions Perrin, 1971.

GAILLARD Pol, *Le Mariage de Figaro*, Éditions Bordas, 1970.

GREDEL Frédérich, *Beaumarchais*, Éditions Flammarion.

MANCERON Anne et Claude, *Beaumarchais, Figaro vivant*, Éditions Dargaud, 1968.

III. – L'affaire du collier de la Reine

AUGEARD Jacques-Mathieu, *Mémoires secrets*, Éditions Bavoux, Paris, 1866.

DALBIAN Denyse, *Le comte de Cagliostro*, Éditions Robert Laffont, 1983.

FUNCK-BRENTANO, *L'Affaire du collier de la reine*, Éditions Hachette, 1901.

HASTIER Louis, *La vérité sur l'affaire du collier*, Éditions Fayard, 1955.

LEVER Évelyne, *Marie-Antoinette*, Éditions Fayard, 1991.

L'Affaire du collier, Éditions Fayard, 2004.

MARIEL Pierre, *Cagliostro*, Éditions Grasset, 1973.

MOTTE-VALOIS Jeanne (COMTESSE DE LA), *Mémoires*, Londres, 1789.

IV. – La nuit de Varennes

AUGEARD Jacques-Mathieu, *Mémoires secrets*, Paris, 1866.

BARNAVE Antoine, *De la Révolution*, P.V. de Grenoble, 1988.

DUMAS Alexandre, *La route de Varennes*, Paris, 1867.

OZOUF Mona, *La nuit de Varennes*, Éditions Gallimard, 2005.

V. – La bataille de Valmy

BERTAUD Jean-Paul, *La bataille de Valmy, la démocratie en armes*, Éditions Julliard, 1970.

GASTON-MARTIN M., *La franc-maçonnerie et la préparation de la Révolution française*.

HEIM Maurice, *Kellermann*, La nouvelle édition, 1949.

VI. – La princesse de Lamballe

CASTELNAU Jacques, *La princesse de Lamballe*, Paris, 1956.

Correspondance entre Marie-Thérèse d'Autriche et l'ambassadeur Mercy-Argenteau avec les lettres de Marie-Thérèse et de Marie-Antoinette, Paris, 1874.

DECKER Michel (DE), *La princesse de Lamballe*, Éditions Pygmalion, 1999.

GUÉNARD, (BARONNE DE MÉRÉ), *Mémoire de Marie-Thérèse de Carignan*, Paris, 1801.

LAMBEAU Lucien, *Essai sur la mort de la princesse de Lamballe*, Lille, 1920.

Mémoires de la princesse de Lamballe, favorite de Marie-Antoinette, introduction (sans date) du bibliophile Pol André, Paris.

SAREIL Jean, *Voltaire et les Grands*, Genève-Paris, 1978.

SEIFFERT, *Krankheit der Prinzessin von Lamballe*, Paris, 1804.

VII. – Biographies de certains acteurs de la Révolution française

BOIS Jean-Pierre, *Dumouriez : héros et proscrit*, Éditions Perrin, 1984.

MADELIN Louis, *Danton*, Éditions Hachette, 1914.

ORIEUX Jean, *Voltaire*, Éditions Flammarion.

RIVAROL Antoine, *Petit Dictionnaire des grands hommes de la Révolution*, Éditions Desjonquères, 1999.

SAINT-PIERRE Michel (DE), *Monsieur de Charrette*, Éditions La Table Ronde, 1977.

VIVANZA Jean-Marc, *Maistre : Qui suis-je ?*, Éditions Pardès, 2003.

VIII. – Marie-Antoinette

CASTELOT André, *La tragédie de Varennes*, Éditions Fayard, 1951.

DUMAS Alexandre, *La route de Varennes*, Paris, 1869.

SÖDERHJELM Alma, *Marie-Antoinette et Barnave, correspondance secrète*, Éditions Armand Colin ,1934

ZWEIG Stephan, *Marie-Antoinette*, Éditions Grasset, 1957.

IX. – Les Loges Maçonniques

AMIABLE Louis, *Voltaire et les Neuf Sœurs*, Paris, 1896.

AUCHE Marcel, *Les francs-maçons de la Révolution française*, Éditions La Hutte, 2009.

BRICAIRE Nicolas (DE LA DIXMERIE), *Mémoire sur la loge des Neuf Sœurs*, BNF n° 318713922.

FAY Bernard, *La franc-maçonnerie et la Révolution intellectuelle du XVIIIe siècle*, Librairie française, 1961.

JOLY Alice, *Le secret de la franc-maçonnerie. Un mystique lyonnais : JB Willermoz*, Demeter, 1980.

LE FORESTIER Paul, *Les Illuminés de Bavière et la franc-maçonnerie allemande*, Paris, 1914.

LE FORESTIER René, *Maçonnerie féminine et loges académiques*, Éditions Archè, Milan, 1979.

LIGOU Daniel, *Histoire de la franc-maçonnerie en France de 1725 à 1815*, en collaboration avec d'autres auteurs dont LE BIHAN, BRANQUE, MESSER, ROCHE, PUF, 1987.

SEE H., « La franc-maçonnerie et les origines de la Révolution française », *Grande Revue*, 1927.

X. – L'état du royaume en 1780

AUCHARD A., *L'éducation scolaire des hommes de la Révolution*, (notamment sur la jeunesse des francs-maçons), Alcan, 1914.

CARRÉ H., *La fin des Parlements* (étude portant de 1785 à 1790), Éditions Hachette, 1912.

La noblesse de France et l'opinion publique au XVIIIe siècle, Éditions Champion, 1920.

CHAUNU Pierre, *La civilisation de l'Europe des Lumières*, Paris, 1971.

FARGE Arlette, *Dire et mal dire, l'opinion publique au XVIIIe siècle*, Paris, 1992.

La logique de la foule, Paris, 1988.

MEYER Jean, *Noblesse et pouvoir dans l'Europe et l'Ancien Régime*, Paris, 1976.

MICHELET Jules, *Histoire de la Révolution française*, tome II, Éditions Laffont, 1979.

MICHON G., *L'essai sur l'histoire du parti Feuillant* (à parcourir pour connaître l'existence de A. Duport), Éditions Payot, 1924.

MORNET Daniel, *Les origines intellectuelles de la Révolution française*, Éditions Arnold Collin, 1933.

SOBOUL Albert, *La civilisation de la Révolution française, La crise de l'Ancien Régime*, tome I, Paris, 1970.

TABLE DES MATIÈRES

IIe PARTIE

Achevé d'imprimer en février 2012
sur les presses de la Nouvelle Imprimerie Laballery – 58500 Clamecy
Dépôt légal : février 2012 Numéro d'impression : 201006

Imprimé en France

La Nouvelle Imprimerie Laballery est titulaire de la marque Imprim'Vert®